I0498957

الدليل التعليمي
لمتحف بلا حدود

إعداد

أستاذ أيمن رافع عزام
مساعد مدير مدرسة أكاديمية قطر الخور
مؤسسة قطر للتربية والعلوم وتنمية المجتمع

أستاذ دكتور مصطفي حسين الحلوجي
أستاذ بكلية اللغات و الترجمة .جامعة الأزهر. مصر

دكتور محمد عبد الرزاق الجدوع
رئيس قسم امتحانات بمركز التدريب التربوي. الأردن

الدكتور.عبدالله بن سعود السعود
مدير عام متحف الرياض. االمملكة العربية السعودية

دكتور سالم راشد السكيتي
نائب مدير المكتب الفني للدراسات والتطوير.عمان

أستاذ فلاح زيد البرازي
رئيس قسم الإجتماعيات– وزارة التربية والتعليم. الكويت

أستاذ سمير قفص
محافظ الآثار و المباني التاريخية. المغرب

الفهرس

مقدمة الدليل	١
التعليم بالمفاهيم	٢
التعليم متداخل التخصصات :المجالات	٣
نموذج لتحضير الدروس	٤
المتاحف الافتراضية	٥
المصادر الافتراضية و إمكانية استخدامها لاستقصاء المعلومات	٦
الفترات التاريخية	٧
الأمويون	٨
العباسيون	٩
أمويو الأندلس	١٠
الفترة الرستميّة	١١
الدولة الطولونية	١٢
الفاطميون	١٣
الدولة الموحدية	١٤
الفترات الإدريسية والزناتية والمرابطية و الموحدية والمرينية والسعدية والعلوية	١٥
الصليبيون	١٦
الأيوبيون	١٧
السلاجقة	١٨
سلاجقة الأناضول	١٩
المماليك	٢٠
الدولة المرينية	٢١
العثمانيون	٢٢

اكتشف الفن الاسلامي

٢٣	الصفويون
٢٤	السعديون و العلويون
٢٥	استقصاء التاريخ من اللقى الأثرية
٢٦	عناصر الفن الإسلامي
٢٧	أقسام الفن الإسلامي
	أ-العمارة:
	ب- الزخرفة:
٢٨	ج-الفنون التطبيقية:
٢٩	الفترات الإسلامية والإمتداد الجغرافي
٣٠	وحدات دراسية
٣١	الصحة و علاج الأمراض
٣٢	التعمير الأندلسي
٣٣	الحضارة الإسلامية و العلوم و الفنون
٣٤	الزخرفة الإسلامية
٣٥	مجالات الفن الإسلامي
٣٦	مجالات الفنّ الإسلامي
٣٧	الحضارة الإسلامية في الأندلس
٣٨	المواجهة و احتكاك الحضارات
٣٩	آثار تاريخية من عهد الموحدين: الكتبية وحسان
٤٠	تقنيات جلب الماء
٤١	الحياة الاجتماعية في المجتمع العربي الإسلامي

متحف بلا حدود
www.museumwnf.org

يقوم هذا الكتيب بشرح إمكانية استخدام موقع متحف بلا حدود كأداة تعليمية لطلاب المرحلة الإعدادية والثانوية، وعلى الأخص المتحف الإفتراضي اكتشف الفن الإسلامي (www.discoverislamicart.org/index.php).

تم إنشاء المتحف الإفتراضي اكتشف الفن الإسلامي بالشراكة بين مؤسسات تمثل ١٤ دولة: الجزائر، ألمانيا، مصر، إيطاليا، الأردن، المغرب، فلسطين، البرتغال، أسبانيا، السويد، سوريا، تونس، تركيا، المملكة المتحدة. وقد تم تحديث قاعدة البيانات بعد إنضمام متاحف إضافية عن طريق منصة إستكشف مجموعات الفن الإسلامي.
http://www.explorewithmwnf.net/islamic-art-collections.php

لمزيد من المعلومات برجاء زيارة:
education@museumwnf.net أو
office@museumwnf.net

وقد تم تنفيذ الكتيب بالتعاون بين:

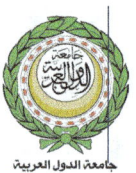

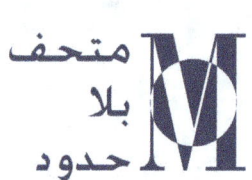

متحف بلا حدود

جامعة الدول العربية

بالإضافة الى الدعم الذي تم تقديمه من:

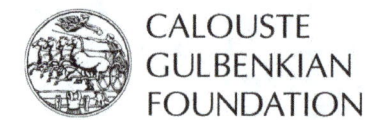

مجموعة طلال أبوغزالة
Talal Abu-Ghazaleh Organization
TAG-Org

CALOUSTE GULBENKIAN FOUNDATION

بالإضافة الي:
المتاحف الأعضاء بمتحف بلا حدود

ISBN 978-3-902782-97-7

حقوق النشر
MWNF© (النصوص والصور تم نشرها على موقع متحف بلا حدود)
MWNF© (كتيب جامعة الدول العربية)

اكتشف الفن الاسلامي

Museum With No Frontiers [MWNF]
www.museumwnf.org

This manual explains the possibilities of using the MWNF website and, in particular, the Discover Islamic Art Virtual Museum [www.discoverislamicart.org/index.php], as an educational tool in primary and secondary schools.

The Discover Islamic Art Virtual Museum was set up in cooperation with partner institutions from 14 countries: Algeria, Germany, Egypt, Italy, Jordan, Morocco, Palestine, Portugal, Spain, Sweden, Syria, Tunisia, Turkey, United Kingdom. The database is further developed and new partner museums continue joining through the Explore Islamic Art Collections platform:
http://www.explorewithmwnf.net/islamic-art-collections.php

For further information please contact
education@museumwnf.net or
office@museumwnf.net

This manual was realised as a joint project of

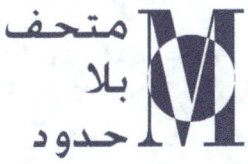 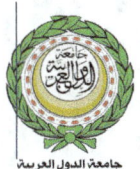

with the support of:

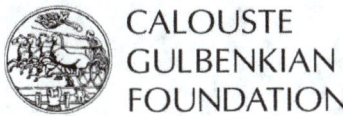 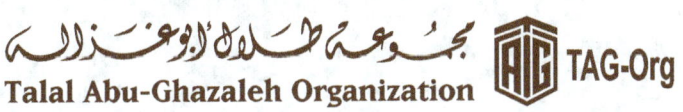

and
the MWNF partner museums

ISBN 978-3-902782-97-7

Copyright
© MWNF (texts and images published on the MWNF website)
© MWNF | League of Arab States (manual)

مقدمة

في عام ٢٠١٠ قامت جامعة الدول العربية ومنظمة متحف بلا حدود بتوقيع مذكرة تفاهم تهدف إلي توثيق الفن و التراث الاسلامى من خلال قاعدة بيانات افتراضية علي شبكة الانترنت و بهدف تعزيز الاحترام المتبادل بين دول حوض البحر المتوسط من خلال معرفة أفضل بالتاريخ والتراث الثقافي الاسلامى.

يعتبر هذا الدليل بكل معنى الكلمة إنتاجا مبتكراً ورائداً لمبادرة مشتركة بين متحف بلا حدود وجامعة الدول العربية. بل هو نتيجة ملموسة للجهود المشتركة لتعزيز الوعي حول التاريخ والفنون والثقافة في العالم العربي.

شارك فى تحقيق وإعداد هذا الدليل ستة من خبراء التعليم من ست دول عربية (مصر، الأردن، الكويت، المغرب، عمان، السعودية)، اللذين عملوا علي جمع البيانات وتجميع المعلومات و توثيقها ثم قاموا بمناقشتها خلال ورش العمل متبعين المبادئ التوجيهية ومفهوم التعليم الشامل الذي وضعه البروفيسور أيمن عزام من مدرسة البكالوريا عمان، الأردن مما أدى إلى نتاج تجربة فريدة لتبادل المعرفة و مختلف وجهات النظر، حيث تم تقديم التاريخ والتراث الثقافي من وجهة نظر البلدان المعنية في محاولة لنقل المنظور المحلي باللغات العربية والانجليزية والفرنسية والاسبانية.

إن هدف جامعة الدول العربية من هذا المشروع هو رفع مستوى الوعي بالتراث الإسلامي وعلاقاته المتداخلة مع دول جنوب أوروبا وشمال أفريقيا والشرق الأوسط، وذلك أصبح متاحاً وممكناً من خلال متحف بلا حدود والذي قام بتوثيق عدد ١٤٠٩ قطعة صورة من المتاحف والنصب التذكارية والمواقع الأثرية، والتي شهدت ١٣ قرناً من التاريخ الإسلامي والفن والهندسة المعمارية حتى الآن.

يعتبر هذا الدليل مورداً مذهلاً للمدرسين والمربيين لاستخدامه كأداة تعليمية، والسماح للطلاب من مختلف الأعمار بمعرفة المزيد عن التاريخ والتراث الثقافي للحضارة الإسلامية، واكتشاف آفاق جديدة للحاضر من خلال معرفة الماضي خاصة وان على مر العصور كان التاريخ والفن والعمارة الإسلامية والأوروبية مرتبطين بشكل وثيق بعضهم ببعض، مما أدى إلى توفير قاعدة فريدة لبناء مستقبل مشترك.

نأمل أن يتيح هذا الدليل للمعلمين الناطقين باللغة العربية والطلاب من جميع أنحاء العالم النظر في التاريخ والفن والتراث الثقافي. ليس فقط من وجهة نظر مختلفة ولكن كوسيلة لتجاوز أنفسنا ومحاولة فهم الآخر.

إن جامعة الدول العربية ومتحف بلا حدود، تود أن تشكر الفريق الذي كان مؤمناً منذ البداية بهذا المشروع، على دعمهم السخي وتعاونهم الرائع، وكذلك على الجهود التي بذلت لإنتاج هذا العمل الممتاز.

د. ايفا شوبيرت

الرئيس والرئيس التنفيذي

متحف بلا حدود

د. فائقة سعيد الصالح

الأمين العام المساعد رئيس قطاع الشؤون الاجتماعية

جامعة الدول العربية

اكتشف الفن الاسلامي

FOREWORD

In 2010 The League of Arab States and Organisation Museum With No Frontiers [MWNF] co-signed a a Memorandum of Understanding with the specific aim to promote mutual respect through better knowledge of history and cultural heritage. Since the beginning, the Arab World and its inter-relation with the other civilisations around the Mediterranean were the focus of most projects.

For the League of Arab States, the aim of the MOU was to Raise awareness about the legacy of Islam and its inter-relationships with countries in Southern Europe, North Africa and the Middle East was made; all of which was made possible with MWNF which had documented 1409 museums, monuments and archaeological sites witnessing 13 centuries of Islamic history, art and architecture.

A number of local and international experts were involved in the collection of data and in compiling the information presently on display. Each single component was discussed among the participants and is the result of a unique experience of sharing knowledge.

History and cultural heritage are presented from the point of view of the country concerned in an attempt to convey the local perspective, in Arabic, English, French and Spanish .

This joint effort has led to the creation of this manual which is an incredible resource for teachers and educators to be used as an educational tool to allow students of all ages to learn more about the history and cultural legacy of the Islamic Civilisation and to discover new perspectives of the present through better knowledge of the past. Throughout centuries Arab and European history, art and architecture were closely intertwined with each other and provided a unique base to build a joint future.

Six educational experts from six Arab countries (Egypt, Jordan, Kuwait, Morocco, Oman, Saudi Arabia, for names please refer to page 1) participated in the elaboration of this manual, following the guidelines and overall educational concept set by Prof. Aymen Azzam from The Amman Baccalaureate School, Jordan.

The League of Arab States and MWNF, would like to thank the team who since the beginning did believe in this project, for their generous support, fantastic cooperation as well as for the efforts they have put to produce such an excellent piece of work .

We hope that this manual will make it possible for Arabic speaking teachers and students around the World to look at history, art and cultural heritage not only in a different perspective but as a way to go beyond Ourselves and better understand the Other.

This manual – is in every sense an innovative and pioneering output of a joint initiative between MWNF and the League of Arab States. It is a tangible result of the joint efforts to promote awareness about the history, art and culture of the Arab World.

Eva Schubert

Chair and CEO
Museum With No Frontiers

Dr. Faeqa Said El Saleh

Assistant Secretary General for Social Affairs
League of Arab States

الدليل التعليمي لمتحف بلا حدود

مقدمة

باعتزاز وفخر أكتب مقدمة متواضعة للدليل التعليمي للمتحف الافتراضي "اكتشف الفن الإسلامي"، و أثمن عالياً الجهود المبذولة في إنجاز هذا المشروع الهام بما يشكله من إضافة علمية نوعية كنافذة حضارية عبر الإنترنت وكمرجع أكاديمي دقيق عن الفن والعمارة الإسلامية وفن العمارة.

أن هذا الدليل سوف يسهم في رفع مستوى الوعي حول مساهمة وتفاعل العالم الإسلامي مع الحضارات الأخرى، وسوف يعزز المعرفة بالتراث الثقافي للإسلام في المجتمعات العربية والاسلامية، ويشكل أداة تعليمية للمعلمين والطلاب في كافة المؤسسات في جميع أنحاء العالم العربي.

وأود أن أعرب عن تقديري لمنظمة متحف بلا حدود غير الهادفة للربح، والتي تتمتع بسنوات عديدة من الخبرة في رفع مستوى الوعي حول التراث الثقافي للإسلام من خلال برنامج متنوع - بما فيها المطبوعات إضافة إلى المصادر على الانترنت وبرامج السفر و الأنشطة التعليمية. ويعتبر "اكتشف الفن الإسلامي" المتحف الافتراضي واحد من اهم الانجازات الرائعة من متحف بلا حدود والذي يسهم في تعزيز الوعي الذاتي للإسلام والشخصيات الثقافية والاجتماعية، من خلال الفن والهندسة المعمارية، وأشكر جامعة الدول العربية لدعمها هذا المشروع التعليمي القيم ولمشاركتها في العمل جنبا إلى جنب مع متحف بلا حدود على هذا الانجاز الحيوي الهام. و ما من شك بأن نشر محتوى الدليل التعليمي سيكون ذو قيمة عالية لنجاح المشروع و تحقيق رسالته.

نحن نؤمن في مجموعة طلال أبو غزاله انطلاقا من مسؤوليتنا الاجتماعية بتطوير العمل الفني والانتاج للكتاب. وسوف نستمر في البحث عن المشاريع ذات الصلة في إطار تعاون أوسع مع جامعة الدول العربية ومع "متحف بلا حدود" لتعزيز الوعي فيما يتعلق بالثقافة الاسلامية من خلال الاعمال الفنية والتحف والقطع الاثرية بما يغني و يساهم في تشجيع الحوار والتفاهم بين الحضارات والثقافات ونشر المعرفة التي نؤمن بها و نطبقها في أعمالنا.

د. طلال أبو غزاله

رئيس و مؤسس مجموعة طلال أبوغزاله

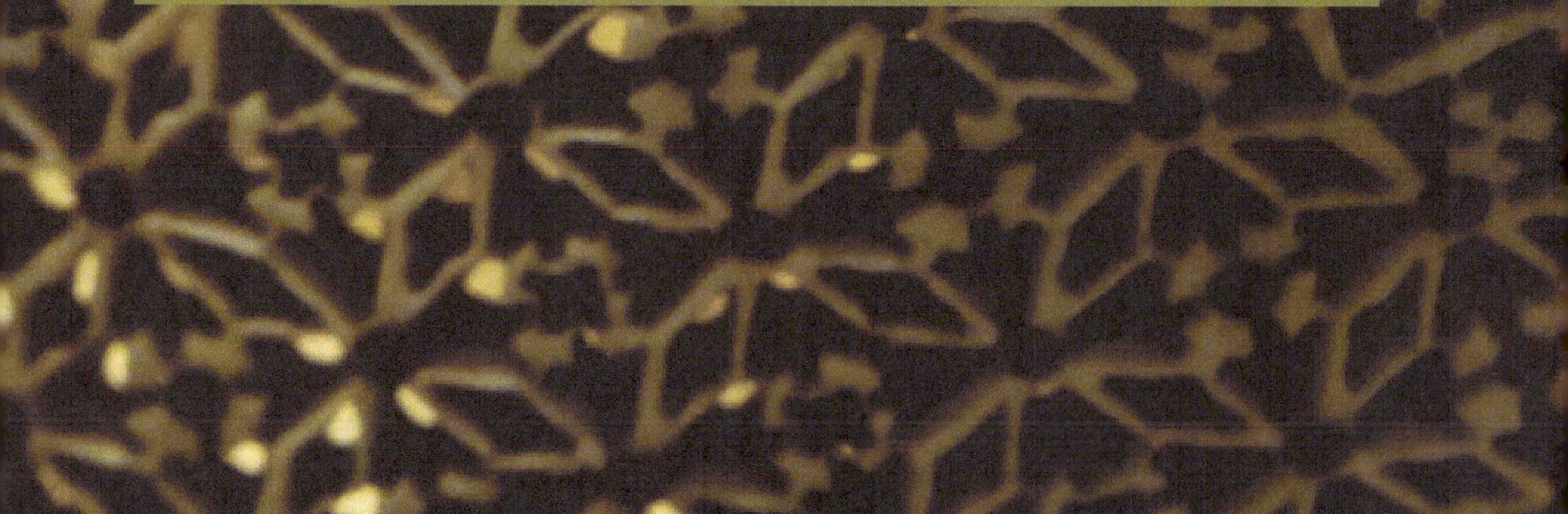

اكتشف الفن الاسلامي

FOREWORD

In my capacity as the chairman and founder of Talal Abu-Ghazaleh Organization, it is a great pleasure to share my appreciation and enthusiasm for the "Discover Islamic Art" Virtual Museum, and to introduce the accompanying educational manual. The manual will be made available as an online resource, providing academically accurate information about Islamic art and architecture from Arab and European countries. Its goal is to raise awareness about the global contribution of Islam to the arts and its interaction with other civilizations, as well as to increase knowledge of the cultural heritage of Islam within Arab / Islamic societies.

This manual is conceived as an educational tool for teachers and students at schools all over the Arab World. I would like start by expressing my appreciation for the non-profit Organization Museum with No Frontiers [MWNF] and its many years of efforts in raising awareness about the cultural heritage of Islam through a diversified programme – including publications, online resources, travel programs and educational activities. The "Discover Islamic Art " Virtual Museum is one of the most remarkable achievements of MWNF, a highly innovative expression of self-awareness of Islam, its cultural and social characters, through art and architecture. I thank the League of Arab States for having adopted this valuable educational project and for having co-worked together with MWNF to make the realization of this educational manual possible.

The Talal Abu-Ghazaleh Organization has been honored to participate in this project helping to develop the artwork of the manual. We will continue to explore relevant projects of a similar nature and look forward to a broader collaboration with the League of Arab States and Museum with No Frontiers in the future, supporting the spread of knowledge, understanding, and mutual appreciation between cultures.

Dr. Talal Abu-Ghazaleh
Chairman and Founder of Talal Abu-Ghazaleh Organization

تقديم فريق العمل

أيمن عزام - منسق فريق العمل
ماجستير في الآثار، مختص في الفنون الإسلامية، رئيس قسم الفنون في مدرسة البكالوريا. منظم ورشات عمل لدى منظمة البكلوريا الدولية و منظمات تعليمية أخرى.
الدولة . الأردن

أستاذ دكتور مصطفي حسين الحلوجي
دكتوراه من جامعة السربون بفرنسا سنة ١٩٨٥
أستاذ بكلية اللغات و الترجمة. جامعة الأزهر. أمين مساعد لجنة تصحيح صورة الثقافة العربية الإسلامية في الكتب المدرسية عبر العالم. وزارة التعليم العالي. رئيس قسم اللغات الإفريقية بجامعة الأزهر سابقا
ألدولة: مصر

دكتور محمد عبد الرزاق مفلح الجدوع .
دكتوراه بالإدارة التربوية بإستخدام التكنولوجيا بعنوان القيادة الإستراتيجية بتوظيف التكنولوجيا بالتعليم (SLICT). رئيس قسم إمتحانات برامج التنمية المهنية و التدريب الالكتروني في إدارة مركز التدريب التربوي ،و مدير مشروع انتل للتعليم. الاردن

د/ سالم راشد سليم السكيتي
الوظيف: نائب مدير المكتب الفني للدراسات والتطوير وزارة التربية والتعليم
المؤهل : دكتوراة في تكنولوجيا المعلومات و الاتصالات في التربية
ألدولة : عمان

الدكتور. عبدالله بن سعود السعود
مدير عام متحف الرياض
الدولة: المملكة العربية السعودية.

أستاذ فلاح زيد البرازي
ليسانس تاريخ-مساند فلسفة
رئيس قسم الإجتماعيات- وزارة التربية والتعليم
الدولة الكويت

أستاذ سمير قفص
محافظ الآثار و المباني التاريخية
رئيس قسم جرد و توثيق التراث
مديرية التراث الثقافي . وزارة الثقافة
دبلوم السلك الثالث للمعهد الوطني لعلوم الآثار و التراث آثار إسلامية
شهادة الدراسات العليا المتخصصة في المحافظة الوقائية للمتاحف
الدولة: المملكة المغربية

التعليم بالمفاهيم

تعددت أنماط التعليم عبر العصور و كل تلك الأنماط كانت تسعى لتحقيق نفس الغاية ألا وهي إثراء العملية التعليمية بوسائط تجذب اهتمام المتعلم و تنشئ جيل من المتعلمين الذاتيين الذين يستمرون بالتعليم مدى الحياة. فالتعليم من خلال المفاهيم يسعى إلى تطوير إدراك المتعلم لما حوله من خلال ربط المفاهيم بواقع حياتي ملموس. يؤكد التعليم من خلال المفاهيم على المعرفة و التعلم و الفهم و الأهم من ذلك التطبيق.

وسائل التعليم التقليدية كانت تهدف إلى تلقين الحقائق دون التركيز على المفهوم المعمق الذي أثرى و أنتج تلك الحقائق. تطورت الوسائل التعليمية و تم إرساء التعليم بالمفاهيم الذي استخدم الحقائق لإرساء استيعاب المفهوم.

حيث تطورت المناهج و الوسائل التدريسية من كونها ذات بعدين إلى ثلاثة أبعاد كما في الاشكال التالية المقتبسة من lynn Ericson

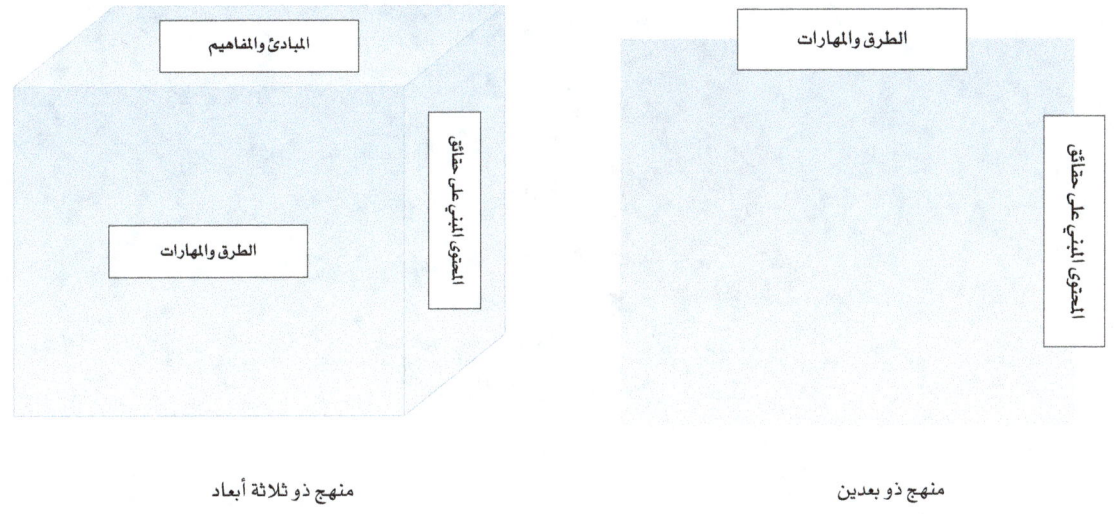

منهج ذو بعدين

منهج ذو ثلاثة أبعاد

و من خلال المفاهيم يتم الوصول إلى فهم معمق للحقائق و المعلومات المختلفة في المناهج الدراسية المختلفة للوصول إلى تكوين تصور للأفكار العريضة التي يمكن تطبيقها في عدة مواقف و مجالات مع اختلاف الجغرافيا و التاريخ حيث أن المفوم واحد.

و للمقارنة بين المناهج في التعليم التقليدي و التعليم من خلال المفاهيم يرجى مشاهدة الجدول التالي «المقتبس من Lynn Ericson:

التعليم و المناهج التقليدية أي ذات بعدين	التعلم من خلال المفاهيم
يتمحور حول تغطية المحتوى	يتمحور حول فكرة
سطحي من الناحية الفكرية	معمق فكرياً
لا يتمكن الطلاب من القياس على الحقائق التي تعلموها	المفاهيم و العموميات ينتقل فهمها للطلاب
لا يوائم متطلبات القرن الواحد و العشرين	يدعم التفكير باتجاه عالم مستمر التغير . يتعلم الطالب كيف يتعلم

إذاً هي مقارنة بين المعرفة و الفهم حيث أن المعرفة ترتبط بزمن و مكان و موقف محدد. بينما الفهم لا يرتبط بالزمان و المكان و يمكن تطبيقه على عدة أوضاع مع اختلاف الأوضاع و المؤثرات. بإختصار نستخدم الحقائق للدخول إلى موضوع محدد و الذي يتم دراسته من خلال المفاهيم و التي في النهاية توصل المتعلم لفهم العموميات التي تطبق على أي زمان و مكان.

إن تصنيفات بلوم للأهداف التعليمية للمجال الإدراكي (Cognitive Domain) هي المعرفة (Knowledge) (تذكر مواضيع تم تعلمها مسبقاً) و الفهم (Comprehension) و (إدراك معنى الموضوع) والتطبيق (Application) (استخدام المعلومات في حالات معينة ملموسة) و التحليل (Analysis) (تجزئة المادة إلى أجزاء) و التركيب (Synthesis) (وضع الأجزاء مع بعضها البعض لصنع أو لتشكيل الكل) و اخيراً التقييم (Evaluation) (الحكم على قيمة منتج ما وذلك بالنسبة لهدف معطى و ذلك باستخدام معيار محدد). كل هذه العناصر تؤكد على أن المعرفة هي القاعدة التي تبنى عليها العملية التعليمية و ليست أهدف مما يدفعنا أكثر بالتجاه التعلم بواسطة المفاهيم. بذلك تواكب مناهجنا متطلبات العصر وتزود المعلمين و المتعلمين بوسائل تمكنهم من التحليل و التركيب و التقييم.

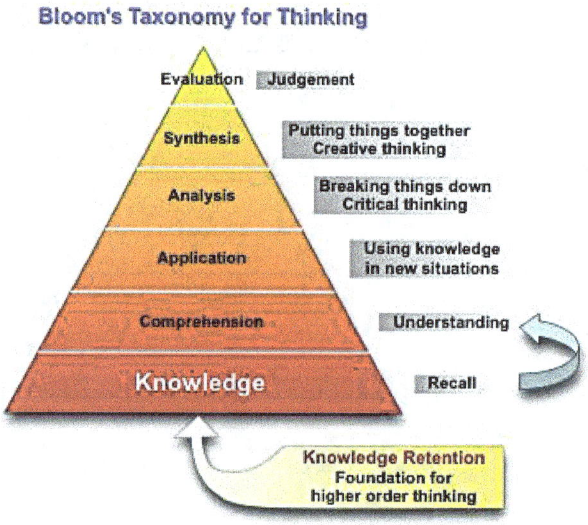

Bloom's Taxonomy for Thinking
Evaluation
Judgement
Synthesis
Putting things together
Creative thinking
Analysis
Breaking things down
Critical thinking
Application
Using knowledge
in new situations
Comprehension
Understanding
Knowledge
Recall
Knowledge Retention
Foundation for
higher order thinking

التعليم متداخل التخصصات: المجالات

مفهوم التعليم المتداخل هوأحد الوسائل التعليمية التي تعتمد على تعاون مبحثين أو اكثر في تحقيق جملة من الأهداف التربوية. حيث أن التداخل الناتج ضمن الموضوع المشترك و من خلال عدة زوايا و جوانب تزود المتعلم بفهم أشمل و مرتبط ارتباطاً وثيقاً بجوانب الحياة اليومية. فبدل أن يدرس جانب معين من منظور مادة التاريخ مثلاً، يمكن للفنون أن توضح تطور و تميز بعض الصناعات التي بدورها تعطي فهماً أوسع للحقبات التاريخية.

وبدلاً من السعي لتحقيق الأهداف المحددة للمادة يمكن لأكثر من مبحث أن يتشاركوا ببعض المعلومات الأساسية والتي يتم التطرق إليها في مبحث واحدو من ثم يبني المبحث الآخر أو المباحث الأخرى على تلك المعلومات لخدمة تحقيق أهدافهما الفردية.

وبذلك يتم تحقيق عدة نقاط، منها توفير الوقت و عدم تكرار المعلومات، طرح المعلومات من قبل أصحاب الاختصاص مما يعطي المتعلم عمق و فهم أوسع. و أخيراً شمولية الطرح حيث يتم ربط الموضوعات بعدة جوانب حياتية و يتم دراستها من منظور مختلف.

و بما أن متحف بلا حدود مصدر لا يختص بمادة محددة أو لقى معينة، ولا يخص فترة زمنية بعينها أو حتى موقع جغرافي محدد فإن الموجودات الموثقة في الموقع تكون بيئة مناسبة لتكوين وحدات دراسية ذات طابع يعكس تداخل التخصصات و المباحث.

نموذج لتحضير الدروس

هذا النموذج تم اقتراحه حيث يمكن دمج الأهداف الوطنية و صياغتها ضمن مفهوم أعم و أشمل مع إمكانية تصميم وحدات متداخلة المباحث.
هذا النموذج تم تبنيه في كافة الأمثلة أي الدروس في هذا الدليل. .و ذلك لا يعني عدم استخدام نماذج أخرى تناسب كل من يعمل في التعليم.

في النهاية النموذج وسيلة و ليس غاية حيث يتمكن المعلم من تصميم وحدات دراسية تحقق أهداف مادته ضمن عملية تعليمية تتمحور حول المفاهيم و الأفكار الكبيرة الشاملة و المرتبطه بمجالات و مظاهر حياتية يومية.

كما أن هذا النموذج يحتوي على خانات تخص استخدام متحف بلا حدود كمصدر للمعلومات. كما يسمح النموذج بربط اللقى و العمائر عبر أزمان مختلفة وضمن اتساع جغرافي كبير.

متحف بلا حدود
ماده تطبيقية للمحتوى الدراسي "وحده دراسية"
الصف | التاريخ
الموضوع | الموضوعات المتاخله
الوحده الدراسيه المادة التعليميه | مدة النشاط
توضيح تداخل الموضوعات
مفهوم رئيسي | مفهوم مركب
الجملة/ البيان المفاهمي
الفكره الرئيسيه للمفهوم
الربط بالمنهاج الوطني
الماده المرجعيه من المتحف الافتراضي
الروابط مع الموجودات في المتحف
الفترات التاريخيه | التوزيع الجغرافي
ملاحظات

المتاحف الافتراضية

المتحف (ويسمى بالإنجليزية: Museum) هو مبنى دائم مخصص لحفظ التحف والنفائس الأثرية والفنية أو غيرها من المواد المرتبطة بمتاحف نوعية مثل التاريخ الطبيعي والمتاحف العلمية والمتاحف البحرية ...الخ وهو مفتوح للعامة. وقد عرف المجلس العالمي للمتاحف المتحف بأنه المكان الذي يقوم بجمع و حفظ وعرض التراث الإنساني وتطوره لأغراض التعليم والدراسة والترفيه. والمتحف مؤسسة غير ربحية في المقام الأول وهناك عشرات الآلاف من المتاحف في جميع أنحاء العالم تهتم بجمع أشياء ذات قيمة علمية أو فنية أو ذات أهمية تاريخية وجعلها متاحة للجمهور من خلال المعارض التي قد تكون دائمة أو مؤقتة.

بدأت المتاحف في وقت مبكر معتمدة على المجموعات الخاصة لبعض الملوك والنبلاء والأثرياء الأوروبيين. ويعتبر متحف أشمول أقدم المتاحف المعروفة حيث تأسس عام ١٦٨٣م بجامعة أكسفورد بإنجلترا وكانت محتوياته من مجموعة الرحالة وعالم النبات الإنجليزي جون ترادسكانت. وقد توالى إنشاء المتاحف في أوروبا في عصر النهضة مثل المتحف البريطاني الذي افتتح عام ١٧٥٩ ومتحف اللوفر الذي افتتح عام ١٧٩٣. و أما في الوطن العربي فكان متحف بولاق بمصر أول متحف ينشأ و تم افتتاحه عام ١٨٥٨ وعرضت فيه بعض الآثار الفرعونية .

المتاحف الافتراضية

المتاحف الافتراضية هي متاحف تعتمد على التكنولوجيا الرقمية السمعية و المرئية (digital media) يتم إنشاؤها في شبكة الانترنت تمثل كيانا افتراضيا من أجل التعريف بمتحف ما بما يحتويه من قطع أثرية مثل لوحات فنية، كنوز أثرية ، صور ، منحوتات ...الخ. و البحث في تاريخها و من ثمة نشر هذه المعلومات وغيرها من الخدمات المتحفية بالاعتماد على قاعدة بيانات شاملة وقد لا يكون لهذا المتحف وجود حقيقي. يتم تصميم المتاحف الافتراضية وفق فكرة خلق فضاء تفاعلي يتم فيه إيصال المعلومات بطريقة سلسة من خلال جولة افتراضية في أرجاء فضاء ثلاثي الأبعاد مشابه للمتحف مع إمكانية الحصول على المعلومات من خلال قاعدة بيانات. يعتمد التصميم اعتمادا كبيرا على البرمجة بلغة (virtual Reality Modeling Language (VRML التي تسمح بإضافة ديناميكية ثلاثية البعد لصفحة الويب.

المتحف الافتراضي

تقتني المتاحف في جميع بلدان العالم قطعا فنية لا تعد ولا تحصى ومن الصعب عرضها للعموم نظرا لضيق المساحة المتاحة أو لحساسية هذه القطع أو للتكلفة الباهظة اللازمة لإنشاء و إدارة أماكن عرض مناسبة لحفظ هذه القطع. و تعد المعارض المتنقلة أو التي تعتمد على المجموعات المتعددة أكثر تعقيدا نظرا للمصاريف الباهظة التي تترتب على النقل و التأمين على المقتنيات التي لا تقدر بثمن و يضاف إلى ذلك المخاطر التي قد تتعرض لها تلك المقتنيات مثل السرقة أو التزوير . و مع ذلك فإن مثل هذه المعارض تلقى عادة أوسع إقبال وتجني أعلى الأرباح ومن هنا جاءت أهمية إنشاء المواقع الافتراضية.

مفهوم الواقع الافتراضي

هو الوسيلة التي يستطيع الفرد أن يرى ويحس ويلمس من خلال المعلومات في الحاسب الآلي حيث يكون متفاعلا مع العالم المماثل للعالم الحقيقي بواسطة تكوين المحاكاة لبيئات تخيلية بإجراء التجارب أو المرور عبر المباني أو وصف مدينة على سبيل المثال . يستطيع المستخدم أن يرى المشهد ثلاثي الأبعاد بتحديد مقاساته سواء في القرب أو العمق أو المسافة ويمكنه على وجه التقريب أن يتخيل التغير أو الاختلاف في نتائج التجربة.

أهمية الموقع الافتراضي

تكمن أهمية الموقع الافتراضي في عدة نقاط نجملها فيما يلي :

١. إعطاء الفرصة للأشخاص بمشاهدة الأشياء من مسافة بعيدة .
٢. يستطيع الفرد أن يتلمس الأبعاد المختلفة للأشياء.
٣. يهيئ الفرصة للفرد في المشاركة والتفاعل مع البرنامج.
٤. تهيئة وتقوية القدرة على التفاعل بين الفرد والموقع الافتراضي من خلال تشجيع المشاركة الإيجابية .
٥. يؤدى إلى التأمل والملاحظة والتفكير .

مراحل إنجاز متحف افتراضي

هناك ثلاث مراحل أساسية لإنجاز متحف افتراضي و هي:

١. جمع المعلومات (الأرشفة)
٢. التصوير
٣. تحويل المعلومات والصور إلي معلومات رقمية.

جمع المعلومات يكون من أجل بناء قاعدة بيانات تكون شاملة من تعريف بالمعروضات و العادات و التقاليد و ثقافة المجتمع . و أما التصوير فهو البداية لإعطاء صفة الافتراضية للمعروضات لتأتي بعدها مرحلة تحويل الصور بعدة تقنيات رقمية إلي معلومات نشكل بها قاعدة بيانات يتم استعمالها في المتحف الافتراضي .

يمكن للمتاحف بناء مشاهد تعلُم و تسلية تفاعلية بحيث يمكن أن تحول الزوار من مشاهدين وقراء غير فاعلين إلى لاعبين و ممثلين فاعلين. ويمكن للقائمين بتحضير مشاهد وفق الطلب تلائم الاستخدام في صفوف الدراسة أو في بيئة المنزل إضافة إلى استخدامها في المتحف أيضا.

مزايا استخدام الواقع الافتراضي في التعليم:

١. يعد الواقع الافتراضي من الوسائل الفعالة في إيجاد الثقة في النفس لدى المعلم والطالب وكسر حاجز الخوف والرهبة في استخدامه.
٢. الطالب يستطيع أن يستخدمه في التعلم الذاتي من خلال تفاعله مع البرنامج.
٣. هو أداة مثالية في التعليم وأكثر عمقا في تقديم التجارب التعليمية المتنوعة التي لا يمكن إجراؤها على الطبيعة.
٤. اكتساب الطالب الخبرات التعليمية المتنوعة بالمشاركة والملاحظة ليصبح متحمسا لإجراء التجربة العلمية.

المصادر الافتراضية و إمكانية استخدامها لاستقصاء المعلومات
(virtual resources)

المقدمة

قبل الحديث عن المصادر الافتراضية وإمكانية استخدامها في عملية الاستقصاء لا بد من تسليط الضوء على مفهوم الاستقصاء حيث تعد طريقة الاستقصاء من أكثر اساليب التدريس فاعلية في تنمية مهارات التفكير لدى المتعلم . وذلك لأنها تتيح فرصا للطالب لممارسة عمليات العلم التي تتضمنها الطريقة العلمية في البحث والتفكير أو ما تسمى بالمنهجية العلمية في البحث والتفكير. يسلك المتعلم سلوك العلماء للبحث عن المعرفة والتوصل إلى النتائج فهو يحدد المشكلة ويصوغ الفرضيات ويجمع المعلومات ذات العلاقة بالمشكلة ويختبر صحة فرضياته ويصل إلى الحل المناسب للمشكلة.

ويستخدم العديد من المختصين في التدريس الاستقصاء والاكتشاف كأن لهما نفس المعنى، ولكن في الأدب التربوي هما بشكل عام توأمان ووجهان لعملة واحدة إلا أن الاكتشاف يحدث عندما يبدأ المتعلم عمليات التعلم لاستكشاف بعض المفاهيم أو المبادئ أما الاستقصاء فيحتاج المتعلم فيه إلى ممارسة العمليات العقلية إضافة إلى الممارسة العملية.

ويعّرف الاستقصاء بأنه طريقة تفكير أو عملية عامة يسعى من خلالها المتعلم إلى المعرفة أو الاستيعاب. وإضافة إلى هذا المفهوم العام للاستقصاء يميز البعض بين الاستقصاء العام والاستقصاء العلمي، ويعرف الاستقصاء العلمي على أنه نشاط منظم واستقصائي الغرض منه الكشف عن علاقات بين الأشياء والأحداث ووصفها. كما يعّرف الاستقصاء العلمي أيضا على أنه القدرة على استقصاء منظم يدمج قدرات التفكير الاستقرائي بعد أن اكتسب الشخص معرفة نقدية و واسعة عن موضوع محدد من خلال عمليات التعلم المنهجي والمنظم.

يمكننا تلخيص أهمية عملية الاستقصاء من خلال النقاط التالية:

- نعيش اليوم في عالم سريع التغير والتطور والتربية لا تعد الأفراد لعالم ساكن بل ينبغي أن تعمل على إعدادهم للتكيف مع التغيرات التي تزداد تعقيداً خلال حياتهم والتي قد يصعب ملاحظتها في هذا العصر.
- لا يمكن للنظام التربوي تزويد المتعلمين بجميع المعلومات التي تلزمهم لأداء وظائفهم مستقبلاً، لذلك يجب تزويدهم بالأدوات والمهارات اللازمة التي تمكنهم من الاستمرار في التعلم مدى الحياة.
- إن التعلم من خلال الاستقصاء والمشاركة الفاعلة للمتعلم يؤدي إلى تحقيق نتاجات هامة ومتميزة في الغرفة المدرسية.
- الطلاب الذين يشاركون بفاعلية في تسجيل الملاحظات وجمع البيانات وتحليلها وتركيب المعلومات والوصول إلى النتائج يطورون في الواقع مهارات فعالة في حل المشكلات وهذا في الواقع يمثل التطبيق العملي لعملية الاستقصاء وآليات العمل من خلالها.

و بالرجوع إلى مفهوم الاستقصاء كطريقة تعليمية تهدف إلى إحداث التعلم الذاتي، وتعمل على تطوير قدرات التفكير العلمي لدى المتعلم من خلال إعادة المعرفة وتنظيمها وتوليد الأفكار والاستنتاج وتطبيقها على مواقف حقيقية، يتضح لدينا دون أدنى شك أن ذكر الحقائق والمعلومات ليست أكثر المهارات أهمية في عالمنا الحاضر. فالمعلومات متوفرة بسهولة في ظل تكنولوجيا المعلومات والاتصالات ولكن الأهمية تكمن في الذهاب إلى ما وراء تكديس البيانات والمعلومات والتوجه نحو توليد معرفة مفيده قابلة للتطبيق.

لذلك عند طرح وسيلة مبتكرة لطلبتنا «كالمتحف الافتراضي» نكون قد وفرنا لهم بيئة تعلم افتراضية تفاعلية غنية تخاطب الذكاءات المتعددة للطلبة وتراعي أنماط تعلمهم. فعند استعراضنا لمتحف بلا حدود : اكتشف الفن الإسلامي نجد انه غني بالبيانات والمعلومات القيمة المدعمة بالصور والمشاهد الحقيقية وهذا بدوره يعمل على تعميق الفهم لدى المتعلم ومراعاته لميولهم واهتماماتهم وطرق تعلمهم.
إن استقصائنا للمعلومات من خلال المصادر الافتراضية ينقل النشاط الصفي من المعلم إلى المتعلم حيث يمنحهم فرصة ليعيشوا متعة اكتشاف المجهول بأنفسهم وبذلك يصبح التعلم تعلمًا نشطًا لما فيه من العديد من الفوائد والميزات التي تنعكس على المتعلم إيجابا في معارفهم ومهاراتهم وسلوكياتهم. كما أنه ينمي ثقة المتعلمين ويزيد تقدير الذات لديهم من خلال الحرية المعطاة لهم في تناول الموضوع أو المشكلة التي يدرسونها.

اكتشف الفن الاسلامي

ويمكننا العمل على تحقيق هذه الأهداف والمزايا التعليمية من خلال إعداد المعلم لمهام بحثية مرتبطة بالمادة التدريسية لبلوغ أهداف التعلم. وتحدد المصادر الافتراضية لهذه المهام من خلال متحف بلا حدود : اكتشف الفن الإسلامي الذي يساعد المعلم على تزويد المتعلم بمراجع من المصادر الافتراضية «المتحف الافتراضي» و التي تسهل تنفيذ هذه المهمة.

إن استخدام المصادر الافتراضية لاستقصاء المعلومات يوفر تعلم مرنًا قادرا على تجاوز حدود الزمان والمكان في العملية التعليمية. فيمكن للطلبة تنفيذ المهام خارج أوقات المدرسة. كما في المهمة السابقة، يمكن إرسال هذه المهمة للطلبة من خلال بوابة التعلم الالكتروني بحيث يمكن للطلبة في البيت الاستعانة بالمصدر الذي يوفره المعلم للدخول إلى متحف بلا حدود : اكتشف الفن الإسلامي كمصدر افتراضي والبحث عن المعلومات المطلوبة.

و يمكننا تحقيق ذلك من خلال استخدام محرك البحث الخاص بمتحف بلا حدود: اكتشف الفن الإسلامي عبر استكشاف الدول المشاركة في المتحف مثل الأردن التي سيفتح من خلالها نافذة تتضمن صورا للأماكن التاريخية الهامة كالقصور الصحراوية التي يستطيع من خلالها المتعلم تصفح النص المرفق مع الصور مما يعني توفير بيانات عن هذه الأماكن.

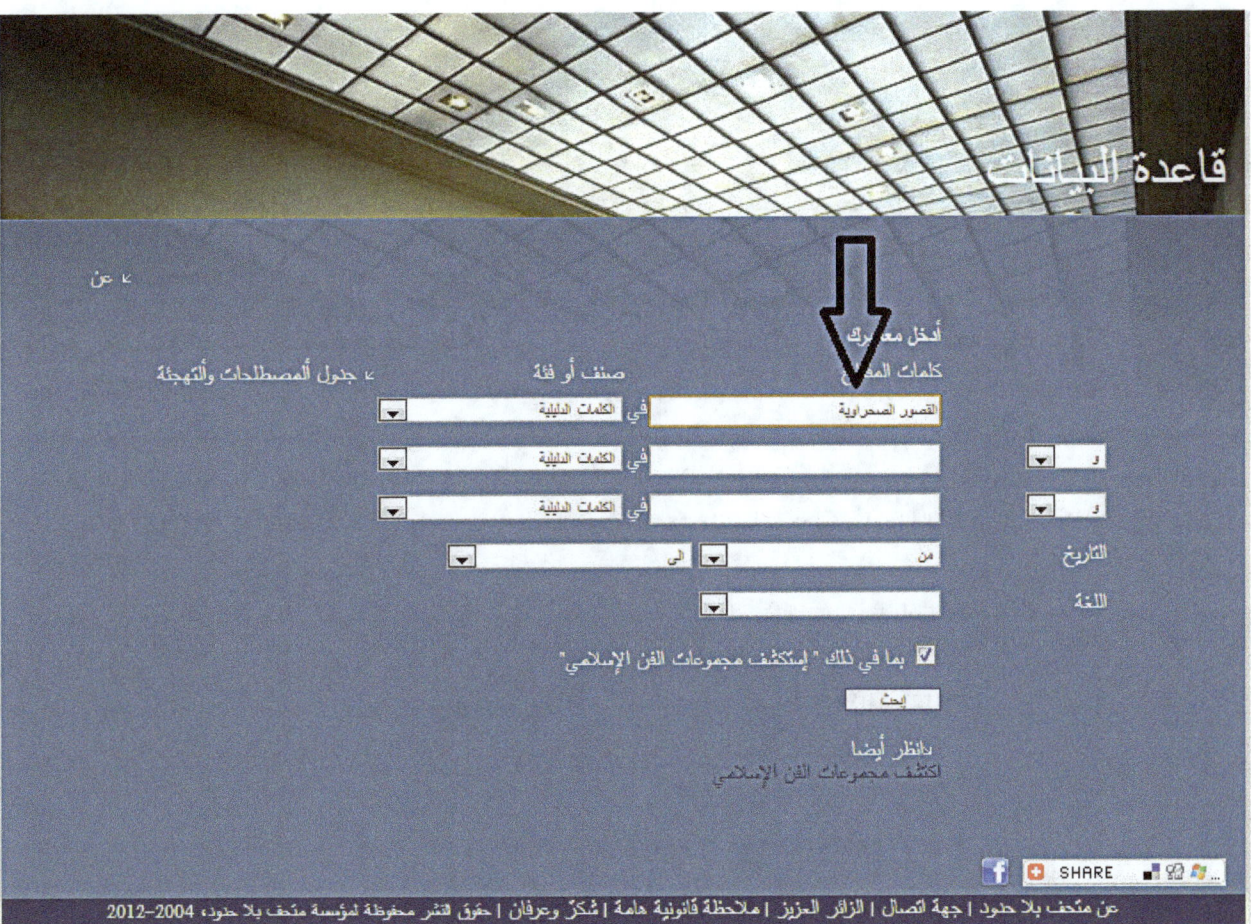

وبالتالي يمكننا التوصل إلى الحقائق التالية حول المصادر (الافتراضية) و إمكانية استخدامها لاستقصاء المعلومات:

١. تدعم فكرة التعلم الذاتي للمتعلمين حيث تتميز بقدرتها على مراعاة الفروق الفردية بينهم وتمكينهم من التعلم بالأسلوب الذي يتناسب وقدراتهم وسرعتهم الذاتية في التعلم من خلال تقديم المادة بعدة طرق مرئية أو مقروءة.

٢. تعرض المصادر الافتراضية المعرفة والمعلومات للطلبة بطريقة تجذب انتباههم وتوجههم لكيفية الحصول على المعلومات بطريقة منظمة بما يتناسب و متطلبات القرن الواحد و العشرين.

٣. تساعد على تثبيت المعلومة لدى المتعلمين ومساعدتهم على الاحتفاظ بها من خلال ربطها بالأشكال والصور التي يزخر بها متحف بلا حدود : اكتشف الفن الإسلامي من التعلم البصري و التفاعلي الواقعي المستنتج من خلال البحث و الاستقصاء ليساعد على ترسيخ المعلومة وإمكانية الاحتفاظ بها في ذاكرة المتعلم لفترات طويلة، كما أن ربط المعلومات بالصور والأشكال يساعد على تنظيمها في الذاكرة مما يعني سهولة استرجاعها وقت الحاجة وهذه من المهارات التي نسعى لتنميتها عند المتعلمين .

إرشادات لتطوير فاعلية الاستقصاء في المصادر الافتراضية:

١. أن يختار المعلم ويهيئ الفرص التعليمية للبحث والاكتشاف الملائم لطبيعة الموضوع الدراسي المراد دراسته والتي يمكن أن تساعد المتعلم على التفكير المتعدد في حل المشكلات و اكتشاف الحقائق المتعلقة بالمشكلة والتي قد تساعدهم على تناول مواضيع دراسية أخرى وبخاصه أن المتحف يحتوي على تنوع جغرافي وامتداد زمني يمكن من اختيار المحتوى الذي يساعد المدرسين باختلاف مناهجهم و موادهم.

٢. أن يبدأ المعلم بتهيئة فرص تعليمية للبحث مبسطة وبعد أن يألف المتعلم ذلك الأسلوب يتدرج معهم المعلم في اختيار موضوعات أكثر عمقاً. ويمكننا تحقيق ذلك من خلال تقديم مهام بحثية بسيطة للطلبة من المتحف الافتراضي كالحصول على صور توضيحية لأواني مصنوعة من الفخار المزجج من العصر العباسي أو تكليف المتعلم كتابة تقرير بسيط عن مواضيع محددة من متحف بلا حدود : اكتشف الفن الإسلامي كالخزفيات العباسية. إن هذا النوع من المهام لا يتطلب من المتعلم قدرات تفكير عالية، كونها عمليات جمع وتنظيم لأمثلة وصور ونكون قد دربنا طلبتنا على استخدام المتحف الافتراضي كمصدر للمعلومات وعملنا على تطوير مهارات البحث لديهم. وبعد تمكين المتعلم من مهارات البحث وتنمية قدراتهم على تمييز وتصنيف وفهرسة المواضيع يمكننا تقديم مهام بحثية أكثر عمقا وصعوبة كأن نطلب من المتعلم القيام برحلة معرفية يكون متحف بلا حدود : اكتشف الفن الإسلامي المصدر الأساسي لها.

٣. ينبغي على المعلم أن يجهز الأدوات والمواد التعليمية والمصادر والمراجع التي قد تحتاجها الدراسة البحثية.

٤. الهدف من الدراسة البحثية هو تنمية وتدريب المتعلم على تفعيل ما لديه من مهارات لذلك يجب على المعلم تهيئة الفرص التعليمية المناسبة لتنمية تلك المهارات واستخدامها. ويمكن تفعيل ذلك من خلال المتحف الافتراضي بتقديم مهام بحثية متقدمة ومتنوعة للطلبة بعد تمكينهم من المهارات والاحتياجات اللازمة للقيام بمثل هذا النوع من المهام مثال ذلك المهام التي تعمل على تنمية مهارات التفكير العليا التي تتطلب من المتعلم القيام بعمليات جمع المعلومات ثم تصنيفها وتنظيمها وتحليلها والخروج بنتائج تعبر عن وجهات نظرهم. يمكن للمعلم أن يطلب من المتعلم البحث من خلال نافذة اكتشف الفن الإسلامي في حوض المتوسط عن الفنون القديمة ودورها في التأثير على نمط الفن الإسلامي. و هذا يعني البحث عن المعلومات وتبويبها وتصنيفها ومن ثم تحليلها والوصول إلى استنتاجات يجب إثباتها من خلال المصدر المتحف الافتراضي.

٥. إعداد خطة متأملة للأنشطة التعليمية المناسبة مع وضع قائمة بتلك الأنشطة وبيان تسلسلها طبقاً لطبيعة الدراسة البحثية والموضوع الدراسي.

٦. طبيعة الدراسة البحثية تستدعي أن يكون المعلم مرناً في قيادة المتعلمين وإعطائهم الحرية المناسبة للاكتشاف بأنفسهم وهذا لا يعني أن يكون لدى المعلم تصور عام عن ما سوف يصل إليه كل متعلم من إنجاز عند نهاية العمل.

اكتشف الفن الاسلامي

جانب من محتويات متحف بلا حدود: اكتشف الفن الإسلامي التي يعتمدعليها كمصدر تعليمي:

الرقم	المحتوى الافتراضي	الناحية التعليمية
١.	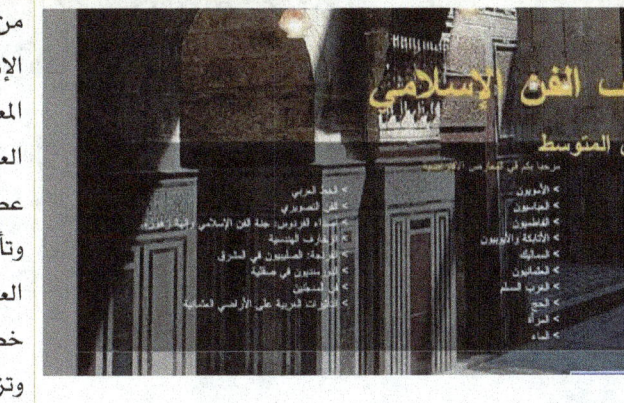 والتي تتضمن اكتشاف الفن الإسلامي في حوض البحر المتوسط حيث يتم تصنيفها إلى معارض دائمة تتضمن العناوين التالية: الأمويون، العباسيون، الفاطميون، الأتابكة والأيوبيون، المماليك، العثمانيون، الغرب المسلم، الحج، المرأة، الماء الخط العربي، الفن التصويري، أصداء الفردوس: جنة الفن الإسلامي وإلهة زهوره، الزخارف الهندسية، الفرنجة: الصليبيون في المشرق، النورمنديون في صقلية، فن المدجّنين والتأثيرات الغربية على الأراضي العثمانية.	من الناحية التعليمية تمثل هذه العناوين العصور الإسلامية كافة وتتطرق إلى الخصائص المعمارية والعمرانية والحياة اليومية ونمط العيش والقصور والمباني ونمط الحكم لكل عصر كما تستعرض نمط الحياة وتنوعها وتأثير الحضارات الأخرى على الحضارة العربية الإسلامية. وتتطرق هذه العناوين إلى خصائص الفن الإسلامي وعناصره ومميزاته وتزخر بالصور التوضيحية التي تنقل صورة حية واقعية عن الأماكن الأثرية والتاريخية في العالم الإسلامي.
٢.	المجموعة الدائمة 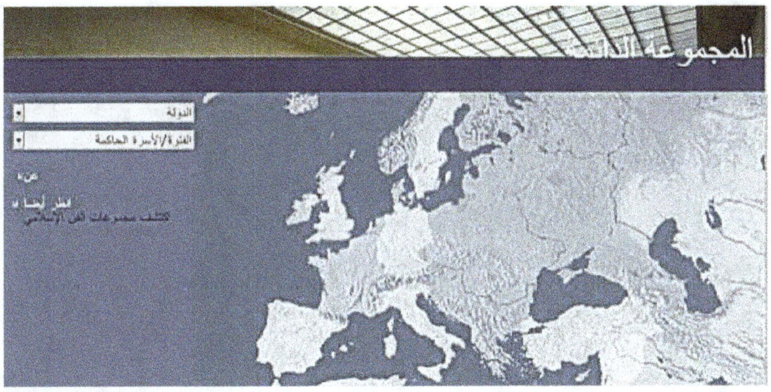 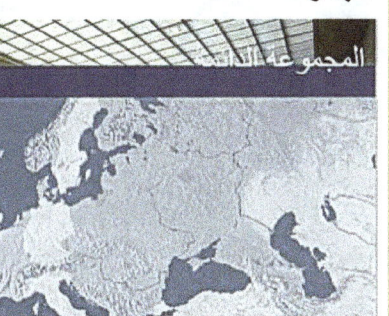	تمثل مجموعة الدول المشاركة في المعرض الافتراضي، يمكننا اختيار الدولة التي نرغب في تصفحها ومن ثم تعرض ايقونات تتضمن أهم المعالم التاريخية مع شرح مفصل عن كل معلم وبالتالي تعتبر مرجع موثق ومصور يمكن الاستفادة منه في المهام التعليمية كمصدر تعليمي افتراضي.
٣.	قاعدة البيانات 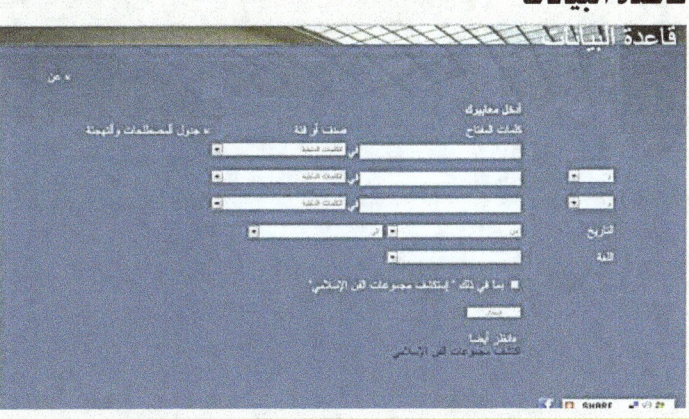	تمثل قاعدة البيانات مصدر غني للمعلومات تمكن المتعلم من البحث عن البيانات التي يرغبون الحصول عليها من خلال كلمات مفتاحية تساعد على البحث السريع كما يمكن تضييق نطاق البحث وبالتالي توفير الوقت والجهد.

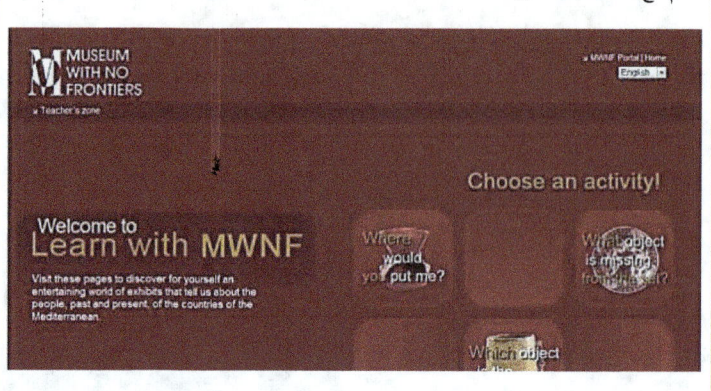

٤.	تعلم مع متحف بلا حدود 	العاب تعليمية تفاعلية تساعد المتعلم على التعلم من خلال اللعب مما يعني إدخال عنصر التشويق والمتعة مع التعلم.

المراجع

ك.باير، ترجمة: سليمان محمد الجبر. الاستقصاء في تدريس الدارسات الاجتماعي. إستراتيجية التدريس. ط١. مكتبة العبيكان. الرياض١٩٩٤.

توفيق أحمد مرعي، محمد محمود الحيلة. طرائق التدريس العامة، ط ١. دار المسيرة للنشر و التوزيع و الطباعة، عمان، الأردن ٢٠٠٢.

عبدا لله محمد خطايبه. تعليم العلوم للجميع. ط١. دار المسيرة، عمان ٢٠٠٥.

عبد الوهاب عوض كويران. طرائق تدريس العلوم. كلية التربية جامعة عدن ٢٠٠٥- ٢٠٠٦

ميشيل كامل عطا الله. طرق وأساليب تدريس العلوم. ط ٢. دار المسيرة للنشر والتوزيع و الطباعة، عمان، الأردن ٢٠٠٢.

ولد أحمد جابر، طرق التدريس العامة. تخطيطها وتطبيقاتها التربوية. ط ١. دار الفكر، عمان ٢٠٠٣.

الفترات التاريخية

تتناول هذه الصفحات أهم الفترات التاريخية للفن الإسلامي. تهتم دول و متاحف العالم في الشرق و الغرب بتاريخ الحضارة الإسلامية و ما بها من علوم و فنون. و يقدم متحف بلا حدود. اكتشف الفن الإسلامي هذا الفن على مدي الفترات التاريخية كالأموية و العباسية و الفاطمية و الأيوبية و المملوكية و العثمانية الخ.. و قد بدأت الحضارة الإسلامية بما تشمله من روافد أدبية و فنية و علمية مع فجر الإسلام الذي تمثل في نزول الآيات القرآنية الأولى على الرسول محمد في مكة بلد الكعبة. و يقدم المتحف الافتراضي. اكتشف الفن الإسلامي بعض الآثار المتعلقة بهذا الموضوع:

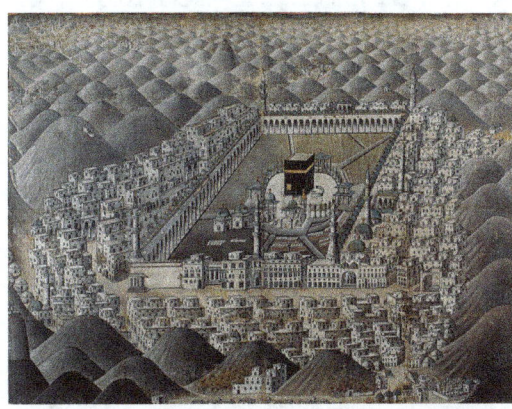

رسم. مكتبة جامعة أبسالا. السويد. أوائل القرن الثاني عشر/ أوائل الثامن عشر. العثمانيون[1]

و الآيات الأولى طبقا لعلماء التفسير وعلماء الدين الإسلامي وكتب التاريخ العربية الإسلامية في سورة العلق:

«اقْرَأْ بِاسْمِ رَبِّكَ الَّذِي خَلَقَ ﴿١﴾ خَلَقَ الْإِنسَانَ مِنْ عَلَقٍ ﴿٢﴾ اقْرَأْ وَرَبُّكَ الْأَكْرَمُ ﴿٣﴾ الَّذِي عَلَّمَ بِالْقَلَمِ ﴿٤﴾ عَلَّمَ الْإِنسَانَ مَا لَمْ يَعْلَمْ ﴿٥﴾»

هذه الآيات الخمس تقدم أهداف الدين الإسلامي التي تتمثل في الإيمان و العلم وتحدد أسس معالمه الحضارية من خلال القراءة و التعلم و الإبداع. فالفعل "اقرأ" في صيغة الأمر موجه للرسول ومن خلاله إلى كل فرد في المجتمع الإسلامي يشمل الفاعل أي أنها الجملة الأولى في القرآن وأعيد تكرارها في بداية الآية الثالثة بصيغة الأمر أيضا. وتكرار الفعل هنا أو الجملة الفعلية يدخلنا في علم البلاغة العربية. فالتكرار يفيد التوكيد. والقراءة هي مفتاح العلم والمعرفة وهي وسيلة اكتساب الثقافة والعلم. وليس من قبيل المصادفة تكرار كلمة "ربك " مرتين بعد اقْرَأْ . فهل هذا التكرار أيضا يعني تعادل بين ما هو ديني وما هو ثقافي وعلمي؟ وهذه الآيات تشير إلى الكتابة من خلال وسيلتها وهي "القلم". وجاءت الكتابة عقب القراءة فهناك تسلسل منطقي و بديع. وفي نهاية هذه الآيات الخمس يطالعنا مفهوم العلم من خلال ثلاثة أفعال " عَلَّمَ ، عَلَّمَ ، يَعْلَمْ ". وزمن هذه الأفعال هو الماضي ثم المضارع. يلاحظ أن مفاهيم الخلق والإبداع والعلم والتضامن تشع من خلال الآيات السابقة "خلق، علق، الأكرم". وتكثر الأفعال القرآنية التي تشير إلى التعقل والتفكير و التعليم "يعقلون، يتفكرون، يعلم". ونري في المتحف الافتراضي. اكتشف الفن الإسلامي صفحة من القرآن:

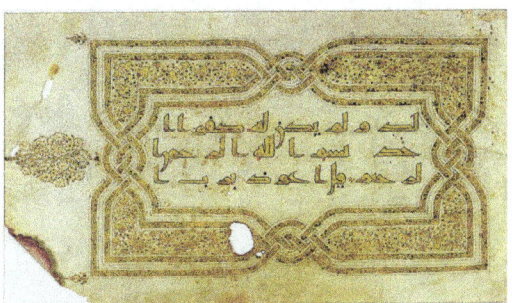

صفحة من القرآن. العهد العباسي[2]. متحف الفنون التركية والإسلامية. استنبول، تركيا. القرن ٤٥٣ ميلاديه / ١٠٩ هجري

[1] http://www.discoverislamicart.org/database_item.php?id=object;ISL;se;Mus01_A;37;ar
[2] http://www.discoverislamicart.org/database_item.php?id=object;ISL;tr;Mus01;2;ar

تنبه المسلمون الأوائل إلى أهمية المفاهيم القرآنية السابقة فأقاموا في المدينة طبقا للوثيقة التي اعتمدها الرسول محمد و اليهود دولة يتمتع فيها المسلمون و غيرهم من اليهود بنفس الحقوق و الواجبات و للجميع الحرية في ممارسة عقائدهم. و أخذ الرسول محمد برأي سليمان الفارسي في حفر خندق حول المدينة للدفاع عنها في غزوة الخندق كتطبيق عملي لمبدأ الشوري في الإسلام و أيضا انفتاح الثقافة الإسلامية على الثقافات الأخرى. و بعد موت الرسول محمد تم انتخاب أبو بكر بطريقة ديموقراطية نابعة من مبدأ الأمر شورى في سورة الشورى : «وَأَمْرُهُمْ شورى بَيْنَهُمْ ..» لم يتردد المسلمون في الانفتاح على الآخر فقد أسس عمر بن الخطاب: بيت المال وزارة المالية على نمط النظامين الفارسي و البيزنطي حيث اهتم الفرس و الروم بالعلوم و بالفنون و لم يتردد الخلفاء الأمويون في المرحلة التالية من النهل من هذه الفنون.

الأمويون

أسس الدولة الأموية الخليفة معاوية بن أبي سفيان في عام ٤١ هـ/٦٦١ م بعد تنازل الخليفة الحسن بن علي بن أبي طالب عن الحكم لمعاوية بن أبي سفيان في سنة ٤١هـ حيث بقي الأمويون في السلطة حتي سنة ١٣٢ هـ/ ٧٥٠ م بعد أن أنهى العباسيون حكمهم.

اهتم الأمويون بالفن الذي يعد أحد أهم الروافد الحضارية و انفردت الحضارة الإسلامية منذ القرن الأول الهجري بسمة فنية تميزها عن غيرها و هي استعمال الخط العربي. و صنع أول دينار عربي إسلامي في عهد الأمويين من ذهب سنة ٧٦ه مكتوب عليه بالخط العربي تعبيرات إسلامية. يقدم المتحف الافتراضي. اكتشف الفن الإسلامي بعض الدنانير:

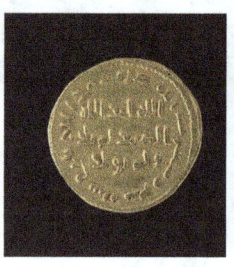

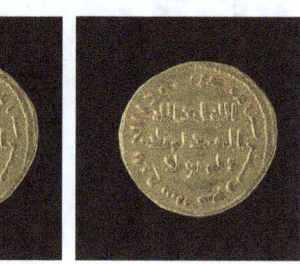

دينار ذهبي عليه ثلاثة سطور من الخط الكوفي على كلا الوجهين محاطة بنطاق آخر من الخط العربي على مدار الحافة. تذكر الكتابة بالخط الكوفي الهندسي التاريخ والشهادة. ٧٧ هجرية. العهد الأموي. المتحف البريطاني. لندن[3]. و طبقا للمتحف الافتراضي. اكتشف الفن الإسلامي فإن هذا الدينار يكتسب أهمية خاصة بوصفه قطعة نقدية من الإصدارات الأولى التي سكها الخليفة الأموي عبد الملك بن مروان عندما قام بإصلاح النظام النقدي سنة ٧٦ ه/٦٩٦م. كانت النقود المتداولة قبل ذلك تحمل زخارف تصويرية مستمدة في الغالب من النماذج البيزنطية و الفارسية، بينما في التصميم الإسلامي الجديد استُبدلت الصورة بالكتابة التي تؤخذ بصفة عامة من القرآن. تعبر العملة الوطنية عن هوية الدولة و استقلالها و عدم تبعيتها اقتصاديا لدولة أخرى.

اختار معاوية عاصمته دمشق التي شهدت ازدهار الفن الكلاسيكي بملامحه المختلفة الساسانية والبيزنطية و القبطية و التي ساعدت على تطوّر الفن الإسلامي الذي عاصر العديد من الأساليب والرسوم المختلفة المستمدة من مدارس فنية متباينة شرقية و غربية في الفترة الأموية. و يبقى فن المعمار الأموي شاهداً رئيسياً على ازدهاره. و هناك أعداد كبيرة من المباني مازالت باقية من هذه الفترة مثل تلك الصروح التي أُقيمت بأمر من الأسرة الحاكمة الأموية كقبة الصخرة في القدس والمسجد الأموي في دمشق. و قد شُيّدا كرمزين للنفوذ والانتصار و الانفتاح على الآخر ومازال هذان الصرحان المعماريان يوحيان بعظمة و فخامة الفن و العمارة في الفترة الأموية. يقدم المتحف الافتراضي بعض هذه الآثار:

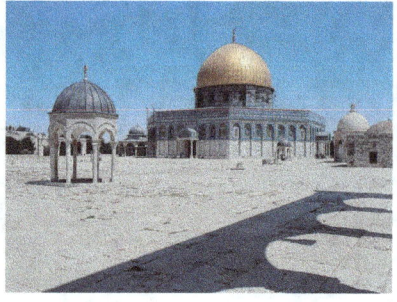

قبة الصخرة . القدس. ٧٢ هجرية/ ٦٩١ م

[3] http://www.discoverislamicart.org/database_item.php?id=monument;ISL;pa;Mon01;4;ar

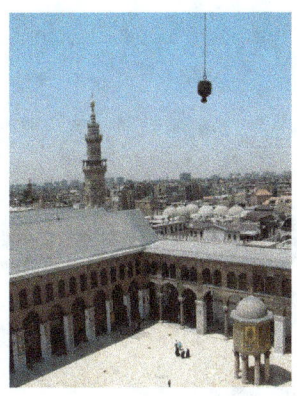

الجامعة الأموية دمشق ٨٧– ٩٦ هجرية / ٧٠٦– ٧١٥ ميلادية [4]

٧٠٦-٩٦-٨٧ مازالت القصور الجميلة المعروفة سابقاً باسم حصون صحراوية تعكس حياة البلاط الأموي وطقوسه. كانت هذه وغيرها من المباني الأموية طبقا للمتحف الافتراضي مزخرفة بسخاء وعلى نطاقٍ واسع. وكانت كل من القصور والحمامات مزينة باللوحات الفسيفسائية والجصّية الزاخرة بالرسوم التصويرية على الجدران وبالموضوعاتٍ المعمارية الأخرى من حيوانات ووحوش وزهور وقوالب مجردة مختلفة منحوتة في الصخر أو على الجص. كما ازدهرت الفنون الثانوية هي الأخرى ، وثمة أمثلة باقية توحي بأن أشغال المعادن والخشب قد حقّقت مستويات رفيعة من الإنجاز.

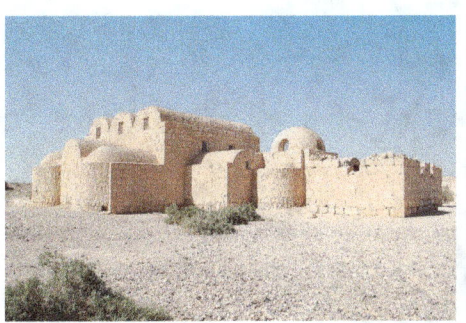

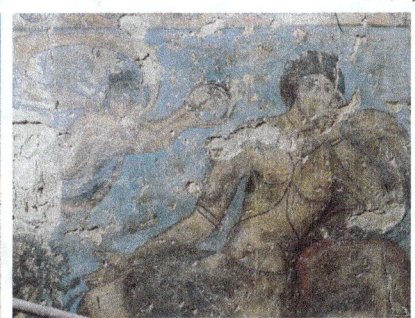

قصير عمرة. الأردن. ٩٢ هجرية/ ٧١٠ م[5]

العباسيون

تأسست الدولة العباسية سنة ١٣٢ ه/ ٧٥٠ م على يد أبو العباس عبد الله السفاح الذي ينتمي الى العباس عم النبي محمد. استمر تطور الفن الإسلامي مع وصول العباسيين إلى السلطة بعد أن كان الفن الأموي استمراراً للفن القديم المتأخر مع إضافة ملامح فنية إسلامية. و يذكر المتحف الافتراضي تاريخ تولي العباسيين السلطة وتأسيس عاصمة الخلافة في بغداد عقب سقوط دولة الخلافة الأموية في الشرق. اتسعت دولة الخلافة العباسية و استمر حكمهم بين عامي ١٣٢–٦٥٦ هـ/٧٥٠–١٢٥٨ م. و في نهاية القرن الثالث الهجري فقد العباسيون مصر و تونس و شهد نهاية العصر العباسي تدمير بغداد على يد المغول في سنة عام ٦٥٦ هـ/١٢٥٨م. تولّى الطولونيون حكمَ مصر و الأغالبة حكمَ تونس نيابة عن العباسيين.و قد اهتم العباسيون بالانفتاح على الحضارات الأخرى و تشهد الآثار التي تركوها في المجالات المتعددة على تقدم العمارة و الفنون و المشاريع الكبرى في العصر العباسي مثل صهاريج الأغالبة:

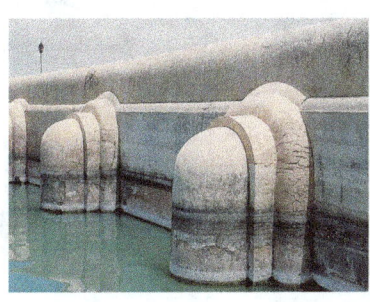

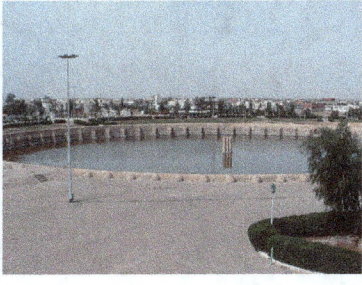

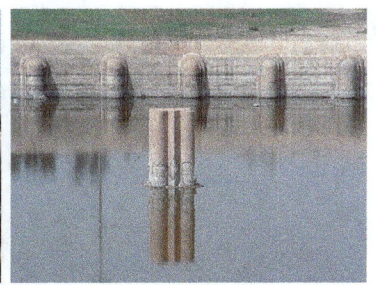

صهاريج الأغالبة. القيروان، تونس. ٢٤٨ هجري/٨٦٢ ميلادي. الفترة الأغلبية العباسية[6]

[4] www.discoverislamicart.org/database_item.php?id=monument;ISL;sy;Mon01;11;ar
[5] www.discoverislamicart.org/database_item.php?id=monument;ISL;jo;Mon01;4;ar
[6] www.discoverislamicart.org/database_item.php?id=monument;ISL;tn;Mon01;9;ar

ازدهرت الحضارة الإسلامية في العصر العباسي لاهتمام الخلفاء بالعلوم كالفلسفة و الرياضيات و الفلك و الطب إلى جانب الفنون المستوحاة من الخيال.

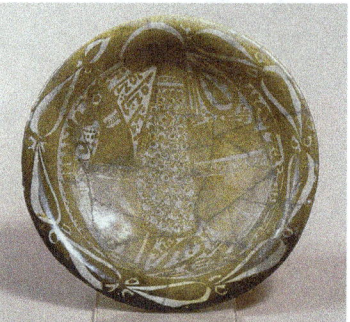

زبدية من خزف مطلي ذو بريق معدني مرسوم عليها حيوان خيالي. العصر العباسي. القرن ٤هـ/ ١٠م. المتحف الوطني للفن الشرقي .روما، ايطاليا[7]

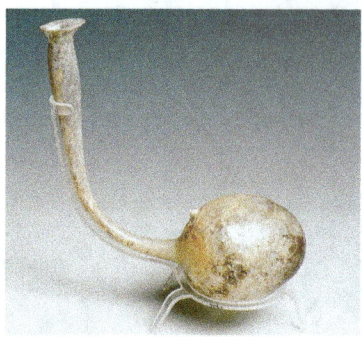

إناء كيميائي مصنوع من الزجاج الرقيق الأبيض الشفاف وهو خالٍ من الزخارف ليسمح بملاحظة عمليات التفاعل الكيميائي . القرن ٣- ٤هـ/ ٩-١٠ م. العصر العباسي . المتحف الوطني بدمشق .[8]

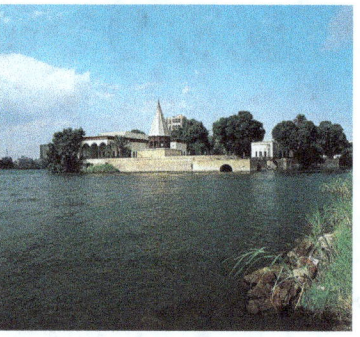

مقياس النيل. القاهرة، مصر. ٢٤٧ هـ / ٨٦١ م. العصر العباسي[9]

أمويو الأندلس

بعد أن تولى العباسيون السلطة بسقوط دولة الخلافة الأموية في الشرق تمكن عبد الرحمن بن معاوية بن هشام بن عبد الملك من الفرار إلى الأندلس و إقامة إمارة أموية في قرطبة سنة ١٣٨هـ/٧٥٦م. نافس الخلفاء الأمويون في الأندلس العباسيين في الشرق في كل المجالات و أسسوا جيشا للدفاع عن الأراضي التي تقع تحت سلطتهم . و طبقا للمتحف الافتراضي فقد احتفظ الغرب المسلم من الأطلسي وحتى صقلية بالحضارة الإسلامية و انفرد بخصوصيته التي تظهر بشكل خاص في الابتكارات المعمارية والزخرفة ذات الأصول المشرقية والتي تطوّرت في الأندلس وفي المغرب و أصبح لها فناً معماريا يميزها في بناء القصور. و تمثل فنون بني نصر في الأندلس والحفصيين في تونس و المرابطين والموحدين و المرينيين في الأندلس و دول المغرب العربي قمة الفن الإسلامي الغربي من حيث وفرة الزخارف التي نشاهدها في مدرسة العطارين في فاس و في المساجد و الكنائس و الأبراج المعمارية و في قصر الحمراء في غرناطة و غيرها.

[7] http://www.discoverislamicart.org/database_item.php?id=object;ISL;it;Mus01;21;ar
[8] www.discoverislamicart.org/database_item.php?id=object;ISL;sy;Mus01;15;ar
[9] www.discoverislamicart.org/database_item.php?id=monuments;ISL;eg;Mon01;1;ar

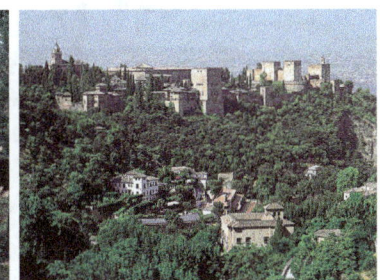

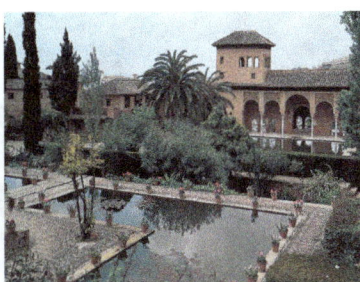

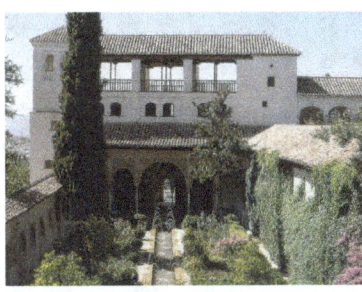

الحمراء . غرناطة، اسبانيا . الأسرة الحاكمة النصرية، من ٦٣٦ ه / م١٢٣٨ حتى حكم محمد الخامس (٧٥٤- ٧٩٤ه / ١٣٥٤ ١٣٩١ .[١٠]

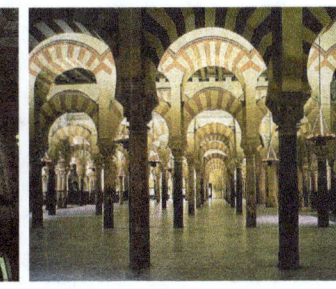

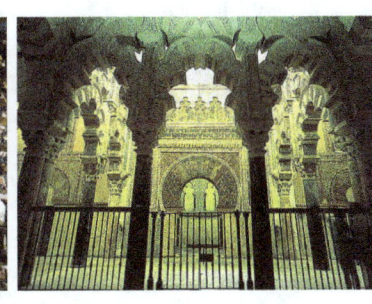

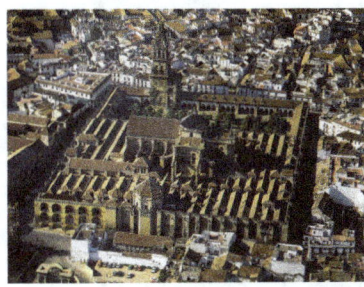

مسجد قرطبة[١١]. اسبانيا . أمويو الأندلس. ١٣٩ ٤٢٢ / ٧٥٦ ١٠٣١؛ ١٦٩ ٣٧٧ / ٧٨٦ ٩٨٨

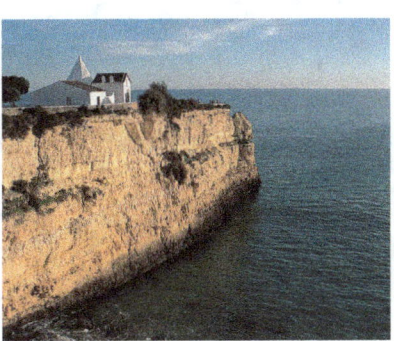

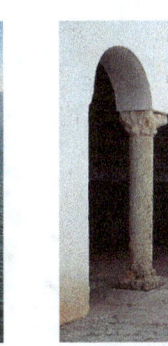

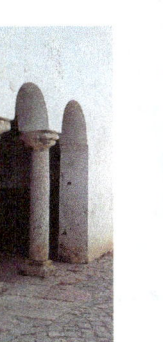

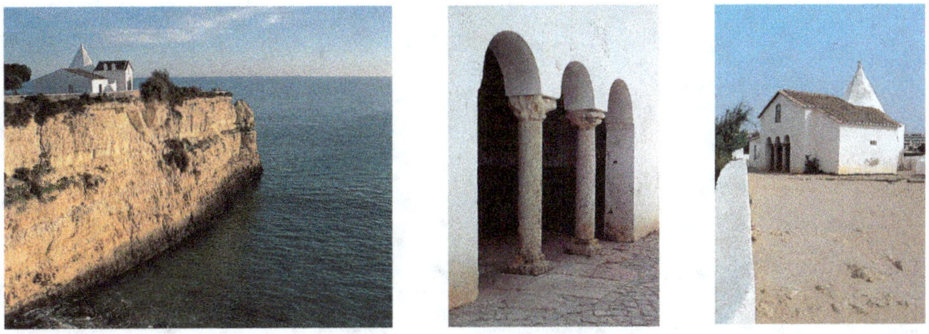

كنيسة سيدة الصخرة (نوسا سينهورا دا روشا. بورشيس (لاغوا)؛ فارو، البرتغال . الفترة الإسلامية، القرن ٢ ٧ الهجري / القرن ٨ ١٣ الميلادى[١٢]

و بالإضافة إلى فن العمارة نجد تراثاً آخر ترك بصمته الأكيدة على الغرب الإسلامي حتى يومنا هذا ويتجلَّى في أنماط الحياة و في الفلك و الفلسفة و الرياضيات و العلوم و الطب .

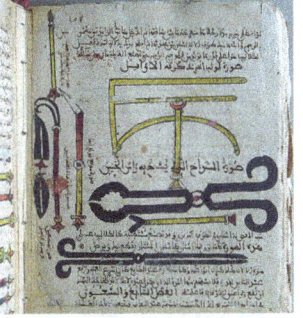

صفحة من مخطوط لأحد الأجزاء الثلاثين المكونة للموسوعة المؤلفة من طرف أحد أكبر الجراحين الذي عاش في قرطبة . من عام ٣٢٠ إلى عام ٤٠١ هجري/٩٣٦ ١٠١٦ ميلادي.
الخزانة الوطنية. الرباط. المغرب. الفترة الموحدية.[١٣]

[10] www.discoverislamicart.org/database_item.php?id=monument;ISL;es;Mon01;15;ar
[11] http://www.discoverislamicart.org/database_item.php?id=monument;ISL;es;Mon01;1;ar
[12] http://www.discoverislamicart.org/database_item.php?id=monument;ISL;pt;Mon01;14;ar
[13] www.discoverislamicart.org/database_item.php?id=object;ISL;ma;Mus01_F;16;ar

الفترة الرستميّة

أسس عبد الرحمن بن رستم الدولة الرستمية في الجزائر سنة ١٦١ ھ/٧٧٨ م وتعد أول دولة إسلامية مستقلة عن العباسيين في شمال غرب إفريقيا و استمرت الدولة حتي ٢٩٦ھ/ ٩٠٩م و في سدراته بالجزائر من ٢٩٦- ٤٦٧ ھ/ ٩٠٩-١٠٧٤ م. تعتبر القطعة التالية التي يعرضها المتحف الافتراضي مثالا على تقدم الزخارف المعمارية في تلك الفترة.

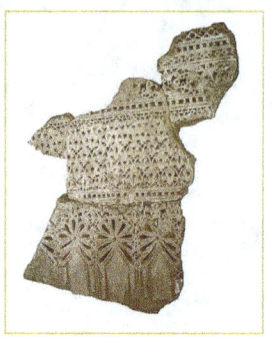

جزء من زخرفة جداريّة . الفترة الرستمية : رستميّو سدراتة، ٢٩٦ -٤٦٧ هجري / ٩٠٩-١٠٧٤ ميلادي . سدراتة . الجزائر .المتحف الوطني للآثار والفنون الإسلاميّة [١٤]، الجزائر.

الدولة الطولونية

أسس أحمد بن طولون الدولة الطولونية بعد أن استقل عن الخلافة العباسية و حكم في الفترة ٢٥٤ ٢٧٠ هـ / ٨٦٨ ٨٨٤ م و استمرت هذه الدولة خلال الفترة: ٢٥٤ ٢٩٢ هـ / ٨٦٨ ٩٠٥ م. يعتبر جامع ابن طولون ثاني أقدم جامع باقٍ في مصر والأثر الوحيد الباقي من مدينة القطائع التي شُرع بتأسيسها عام ٢٥٦ هـ / ٨٧٠ م كعاصمة للدولة الطولونية في مصر.

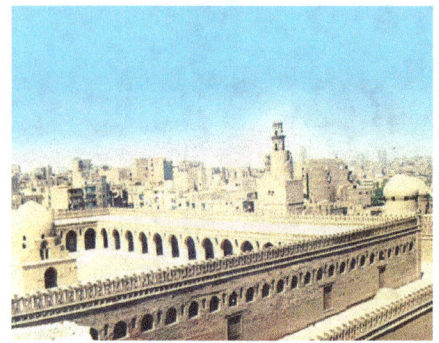

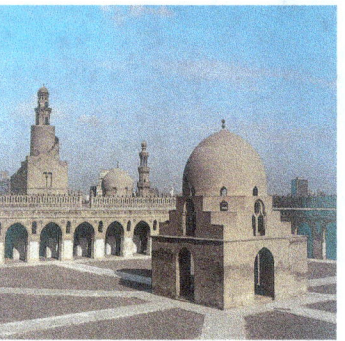

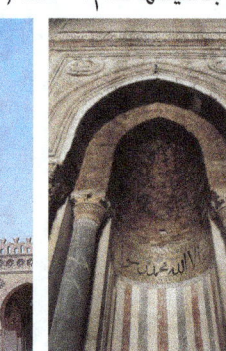

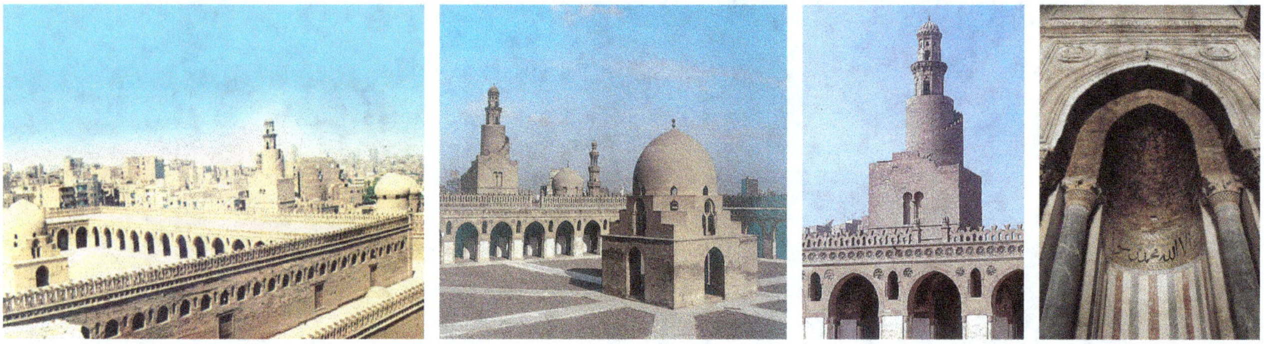

جامع أحمد بن طولون. القاهرة، مصر. ٢٦٥ ھ/ ٨٧٩ م . الدولة الطولونية، العصر العباسي [١٥]

الفاطميون

بدأت الخلافة الفاطمية في رقّادة بإفريقية (تونس) حيث نجحت في الإطاحة بحكم الأغالبة عام ٢٩٧هـ/٩٠٩ م. كانت المهدية العاصمة الفاطمية الأولى حيث قرَّر المسلمون الشيعة بقيادة أبي عبيد الله المهدي تأسيس دولتهم متطلّعين إلى استعادة الخلافة الإسلامية . يشير المتحف الافتراضي إلى أن الحركة الشيعية ادعت الحق في الخلافة من منطلق انتساب قادتها الى الرسول محمد على الرغم من تعرُّضها لضربات قاسية من جانب الأمويين والعباسيين و خاصة مقتل الخليفة الرابع علي بن أبي طالب على يد الخوارج في سنة ٤٠ھ. وفي ظلّ حكم الخليفة المعزّ لدين الله الذي حكم فيما بين عامي ٣٤١-٣٦٣ هـ/٩٥٣-٩٧٥ م، شهدت الدولة ازدهاراً ملحوظاً. كما أن الأوضاع الاقتصادية وفَّرَتْ أجواء ملائمة للسعي إلى امتداد الخلافة لمناطق أخرى . أرسل الخليفة قائده العسكري جوهر الصقلي على رأس جيش لفتح مصر التي كانت قد عانت كثيراً تحت حكم الطولونيين قبل وصول الإخشيديين الى حكم مصر و هزيمتهم على أيدي الفاطميين في عام ٣٥٧ هـ/٩٦٩ م حينما دخل المعزّ مصر و أسس عاصمة جديدة : القاهرة. وبالاستناد إلى دولة مطّردة الاتساع، تطوّرت حضارة متألقة ضاهت نظيرتها العباسية في بغداد والأموية في إسبانيا. و بلغت حركة بناء المدن و نهضة العلوم والفنون والآداب. و من بين المعالم الفاطمية الجامع الأزهر بالقاهرة.

[14] www.discoverislamicart.org/database_item.php?id=object;ISL;dz;Mus01;26;ar
[15] www.discoverislamicart.org/database_item.php?id=monuments;ISL;eg;Mon01;2;ar

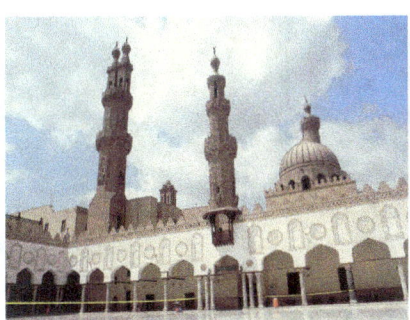

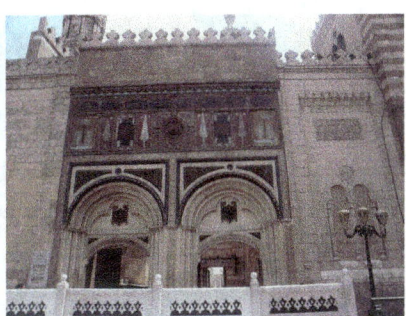

الجامع الأزهر. القاهرة. ٣٥٩-٣٦١ه / ٩٧٠-٩٧٢م . العصر الفاطمي[16].

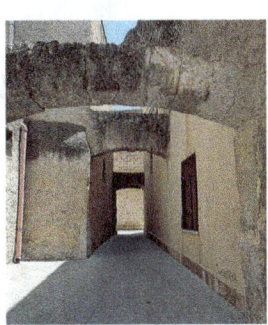

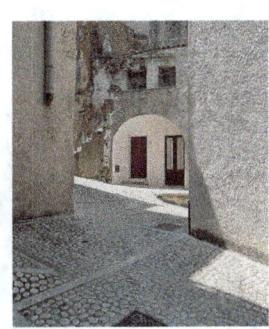

الحي العربي. سامبوكا في صقلية، ايطاليا. بعد القرن الرابع/العاشر. العصر الفاطمي[17]

شهد العصر الفاطمي تطورا في إنتاج الحلي الذهبية المزخرفة باللؤلؤ و الزمرد مثل التحفة الفنية الرائعة التي تسحر عقول بنات حواء.

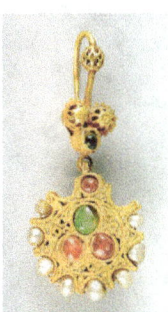

العصر الفاطمي. القرن ٥-٦ه /١١-١٢ م .المتحف الوطني بدمشق .سوريا[18]

الدولتان المرابطية و الموحدية بالمغرب العربي

الدولة المرابطية

في القرن الحادي عشر الميلادي ظهر بجنوب المغرب الأقصى مجموعة من الرحل ينتمون لقبيلة صنهاجة الأمازيغية. استطاع عبد الله بن ياسين، وهو أحد المصلحين الدينيين أن يوحد هذه القبيلة و ينظمها وفق مبادئ دينية متخذا اسم المرابطين لحركته. و هكذا سعى المرابطون إلى فرض نفسهم كقوة فاعلة وتمكنوا من إنشاء دولتهم و عاصمتها مراكش التي أسسوها سنة ١٠٦٩م. بسط المرابطون سلطتهم على مجمل شمال إفريقيا و الأندلس ابتداء من سنة ١٠٨٦ م. نتج عن قوة الدولة السياسية و الإقتصادية ازدهار الفنون المعمارية و العمران و نشأة الفن المغربي- الأندلسي الذي يبرز من خلال عدة نماذج كجامع تلمسان و القبة المرابطية بمراكش و المنبر المنسوب إلى مسجد الكتبية الموحدي.

[16] www.discoverislamicart.org/database_item.php?id=monument;ISL;eg;Mon01;3;ar
[17] www.discoverislamicart.org/database_item.php?id=monuments;ISL;it;Mon01;12;ar
[18] www.discoverislamicart.org/database_item.php?id=object;ISL;sy;Mus01;16;ar

اكتشف الفن الإسلامي

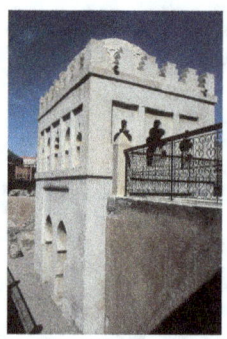

القبة المرابطية بمراكش

و ظهرت مآذن في مساجد دول المغرب العربي ذات أنماط فنية أخرى.

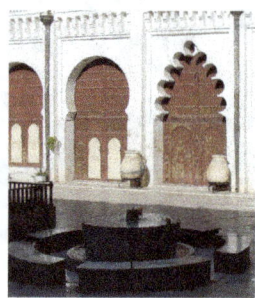 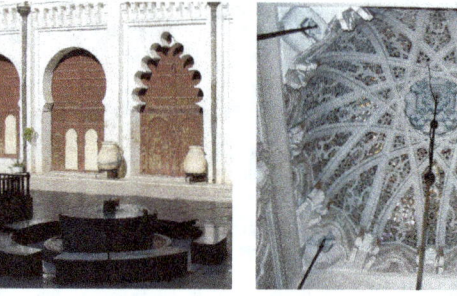 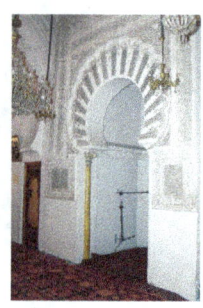

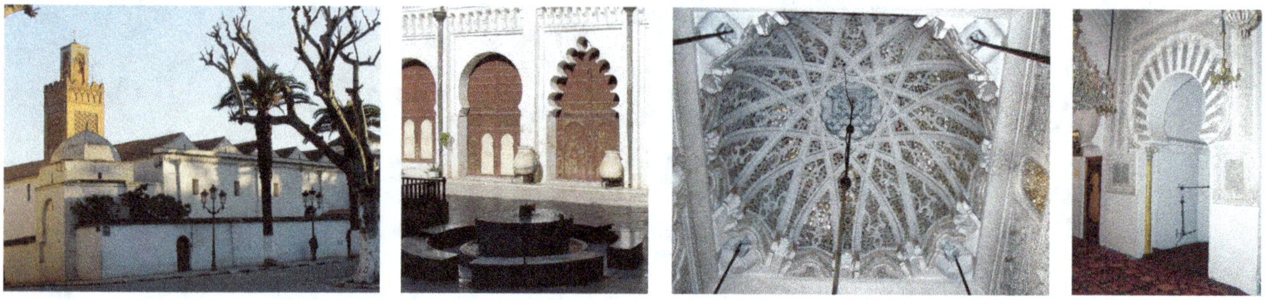

الجامع الكبير. تلمسان، الجزائر. ٥٩٠ هجري / ١١٣٦ ميلادي . الفترة المرابطية، ٤٥٤ ٥٤١ هجري / ١٠٦٢ ١١٤٧ ميلادي [19]

الدولة الموحدية

في بداية القرن ١٢م ظهرت حركة الموحدين بزعامة المهدي بن تومرت الذي استقر بقرية تنمل بجبال الأطلس الكبير جنوب شرق مراكش. و نظم قبائل مصمودة من حوله بغرض الإطاحة بدولة المرابطين التي اعتبرها زائغة عن العقيدة الصحيحة للإسلام. بحلول سنة ١١٤٧م، تمكن الموحدون بقيادة عبد المؤمن بن علي من السيطرة على المغرب الأقصى كله، ليمتد حكم الموحدين في أوج توسعهم إلى جل أقطار شمال إفريقيا والأندلس. وعلى مستوى التطور الحضاري يجمع المؤرخون والآثاريون والدارسون للفن في الغرب الإسلامي على أن الفترة الموحدية تعد أهم فترة على الإطلاق خلفت تحفا معمارية و عمرانية فريدة و متنوعة مثل العمارة الدينية: المساجد الموحدية بمراكش و إشبيلية و الرباط و العمارة العسكرية: الأسوار و الأبواب الدفاعية لمدينة الرباط و العمارة المدنية : قنوات تزويد المدن بالمياه بالرباط و مراكش، حدائق و صهريج المنارة بمراكش.

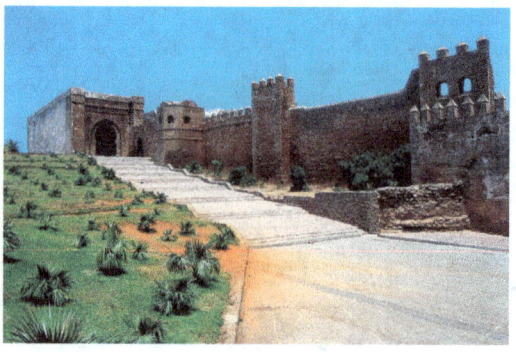

قصبة الأوداية بالرباط

---

[19] http://www.discoverislamicart.org/database_item.php?id=monument;ISL;dz;Mon01;1;ar

استمر ظهور مآذن في مساجد دول المغرب العربي ذات أنماط فنية أخرى في فترات الموحدية و الإدريسية والزناتية والمرينية والسعدية والعلوية.

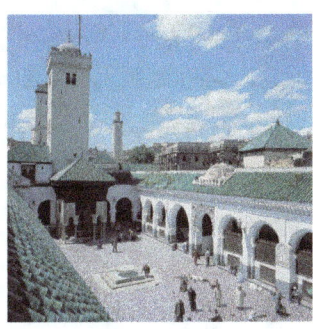

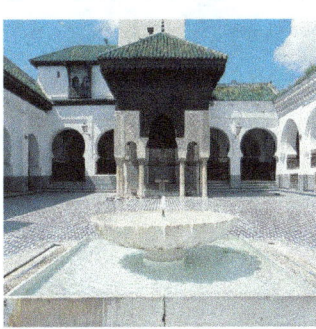

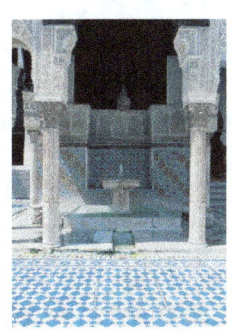

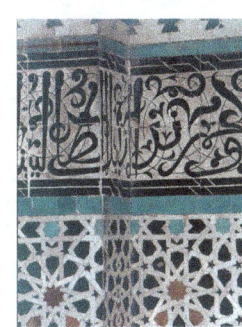

مسجد القرويين . فاس. المغرب [20]. القرن ٣ ٤ الهجري/ القرن ٩ ١٠ الميلادي. الفترات الإدريسية والزناتية والمرابطية و الموحدية والمرينية والسعدية والعلوية

الصليبيون

تناول مصطفي الحلوجي الحروب الصليبية في عدة دراسات و تعتبر من أخطر الحروب التي عانت منها البلاد العربية والإسلامية و الأوروبية في الفترة من ١٠٩٥ ١٢٩٠. يجب التمييز بين الديانة المسيحية والحركة الصليبية التي تذرعت بالدين المسيحي واتخذت من الصليب شعاراً لها لأهداف غير دينية. كانت الحروب الصليبية تخفي مشروعاً استيطانياً شاملاً تحت ستار ديني بسبب مشكلات وأزمات أوروبا الاقتصادية و الحروب الأهلية في أوروبا في ذلك الوقت. وقد سميت هذه الحروب بالحروب الصليبية نظراً لأن الأوروبيين كانوا يعتبرون الصليب شعاراً لهم و قالوا بأنهم يريدون تخليص الأراضي المقدسة المسيحية في فلسطين من أيدي المسلمين ضماناً لسلامة الحجاج المسيحيين. ولكن الأحداث أثبتت أن هدفهم كان السيطرة على الشام و الجزيرة العربية ومصر. تم استغلال الدين المسيحي لإشعال حماس أبناء أوروبا حينما استنجد البيزنطيون بالبابا بعد أن هزمهم السلاجقة عام ١٠٧١. عقد البابا أوربان الثاني مؤتمرا في مدينة كليرمون في فرنسا عام ١٠٩٥ و خطب قائلا : لقد آن الوقت الذي تحولون ضد الإسلام تلك الأسلحة التي اتخذتموها حتي الآن ضد بعضكم ... و ليست هي لاكتساب مدينة واحدة فقط بل هي أقاليم آسيا بجملتها مع غناها و خزائنها التي لا تحصي و خلصوا الأراضي المقدسة من أيادي المحتلين، و أنتم أملكوها لذواتكم ، فهذه الأرض تفيض لبنا و عسلا.. فإذا أنتم انتصرتم على أعدائكم فالملك الشرقي يكون لكم ... و أما إذا قتلتم فلكم المجد لأنكم تموتون في المكان الذي مات فيه يسوع المسيح. ثم أخرج علامة الصليب و قال احملوه على عواتقكم.

يضاف إلى ذلك خوف الأوروبيين من امتداد الإسلام إلى أوروبا و ضعف الدولة الإسلامية و تفكك وحدة العالم الإسلامي التي شجعت الأوروبيين على هذه الحملات. استغلت الحروب الصليبية الدين لإثارة شعوب أوروبا في المشاركة في هذه الحروب التي يتبرأ منها الدين المسيحي والدين الإسلامي أيضاً. يبدو أن إثارة البابا لشعوب أوروبا كان سببه المباشر تأمين طريق الحج للمسيحيين ولكن سرعان ما طغت العوامل السياسية والاقتصادية على الحملات الصليبية. و يقدر عدد غزوات الحروب الصليبية بحوالي مائة غزوة واشترك فيها الآلاف من أبناء الدول الأوروبية و نتج عن هذه الحروب خسائر بشرية فادحة بين قتيل و جريح على مدى قرنين.

ارتكبت مذابح باسم الدين والدين من الوحشية ومن القتل برئ. كيف تكون حروبا صليبية و مسيحيو الغرب يقتلون مسيحيى الشرق ؟ و إذا كان الغرب يسمي هذه الحروب بالصليبية نظرا لاتخاذ مقاتلي الغرب شعار الصليب فإن أهل الشرق كانوا يطلقون عليها حروب الفرنجة أي حروب الأوروبيين و ذلك لاعتقاد المسلمين و المسيحيين في الشرق أنه لا توجد حرب بين الديانتين الإسلام و المسيحية وإنما تكون الحروب بين شعوب لمصالح اقتصادية أو سياسية. متي يصحح المؤرخون اسم هذه الحروب الأوروبية و العربية ؟ أليست حروبا أوروبية –عربية في القرون الوسطي ؟ وقد يتساءل الإنسان كيف تحدث هذه التصرفات البربرية باسم المسيحية التي تدعو للتسامح والحب ؟ لقد تم استغلال الدين لأسباب اقتصادية و سياسية . لقد فوجي المسلمون بهجوم مسيحي الغرب عليهم فقاوموا ودافعو عن أنفسهم وعن بلادهم و نجح العرب والمسلمون في صد الهجمة الأولى ثم حققوا انتصارات أخرى واستعادوا بعض الإمارات بقيادة السلاجقة مثل الرها سنة ١١٤٤ وتمكنوا من التصدي للحملة الثانية سنة ١١٤٧ . وبدأ الأيوبيون في التوسع وعقدوا هدنة مع الأوروبيين الذين لم يحترموا الهدنة فكانت معركة حطين ١١٨٧ وانتصر المسلمون وعادت القدس إلى المسلمين. وحينما تمكن صلاح الدين من دخول القدس بعد أن حث المسلمين على الجهاد لم يعامل الأوروبيين بوحشية مثلما فعلوا أثناء احتلالهم القدس من قتل جميع المسلمين و اليهود و مسيحي الشرق في المدينة ولكنه كان رؤوفا بهم فأطلق صلاح الدين سراح ملك بيت المقدس وأعطى الأمان للصليبيين على أن يغادروا القدس خلال ٤٠ يوما وأظهر التسامح والعفو.

[20] www.discoverislamicart.org/database_item.php?id=monument;ISL;ma;Mon01;1;ar

و هنا ينبغي التأكيد علي أن معنى الجهاد في الإسلام هو جهاد النفس ليكون المسلم مواطنا مفيدا لبلده و هذا ما يعرف في الإسلام بالجهاد الأكبر و أما الجهاد الأصغر فهو قتال المعتدي في حالة الدفاع فقط و التعريف الثالث هو : قول كلمة حق أمام سلطان جائر. يجب التنويه إلي أهمية التقديم الصحيح للجهاد في كتب التاريخ المدرسية الأوروبية و الأمريكية و الإفريقية و الأسيوية في المرحلتين الإعدادية و الثانوية حيث تشير بعض هذه الكتب إلى أن الجهاد هو الحرب المقدسة لنشر الإسلام بالقوة. و يقدم مؤلفو بعض هذه الكتب آيات قرآنية دون شرح أو ذكر للسياق التاريخي أو الحربي أو لأسباب النزول. و ذلك مثل الآية : «قَاتِلُوا الَّذِينَ لَا يُؤْمِنُونَ بِاللَّهِ وَلَا بِالْيَوْمِ الْآخِرِ وَلَا يُحَرِّمُونَ مَا حَرَّمَ اللَّهُ وَرَسُولُهُ وَلَا يَدِينُونَ دِينَ الْحَقِّ مِنَ الَّذِينَ أُوتُوا الْكِتَابَ حَتَّى يُعْطُوا الْجِزْيَةَ»[21]. و سياق نزول هذه الآية و أمثالها متعلق بالرد على الاعتداءات على المسلمين و حث المسلمين على الدفاع عن أنفسهم. و الآية رقم ١٩٠ من سورة البقرة تأمر المسلمين بقتال من يعتدي عليهم و تنهاهم عن الاعتداء على الآخرين.

عاود الأوروبيون حملاتهم على دمياط في مصر سنة ١٢١٨ ثم طلبوا الصلح مع الملك الكامل الذي أغرق الأوروبيين في دلتا مصر. وتم أسر لويس التاسع ملك فرنسا في المنصورة في مصر في سنة ١٢٤٩ وأخير تمكن المسلمون من فتح عكا وباقي بلاد الساحل السوري سنة ١٢٩١.

نتائج الحروب الصليبية. أدت هذه الحروب إلى الدمار و الخراب و قتل الأبرياء و احتلال مناطق عربية و إقامة ممالك مؤقتة و نهب الثروات العربية و توقف نمو الحضارة العربية- الإسلامية و فشلت الحروب الصليبية في تحقيق أهدافها . ساعدت هذه الحروب على انتقال مظاهر الحضارة العربية إلى أوروبا وتمكن الأوروبيون من نقل المؤلفات العربية في الطب والهندسة وساهمت الحروب الصليبية في ازدياد نشاط حركة الملاحة وفتحت أبواب التجارة بين الشرق والغرب ونقل الصليبيون إلى أوروبا عدة أنواع من نباتات الشرق وصناعاته وانهار الإقطاع وأعجب الأوروبيون بالطعام الشرقي وأساليب النظافة وكثير من العادات والتقاليد العربية . كما أدت هذه الحروب إلى اتحاد المسلمين لمحاربة الأوروبيين . ولا تزال الآثار التاريخية السلبية للحروب الصليبية تحكم توجهات بعض رجال السياسة والمفكرين في العالم الأوروبي- الأمريكي في تعاملهم مع العرب المسلمين حتى اليوم. فعلى سبيل المثال مازالت هناك حملات إعلامية في الغرب ضد المسلمين مستندة إلى تصرفات بعض المتطرفين المنتسبين إلى الإسلام و الإسلام برئ من تصرفاتهم و من الإرهاب . و قد تحدث الرئيس الأمريكي جورج بوش عقب الهجوم الإرهابي على نيويورك في ٢٠٠١ عن شن حروب صليبية . يضاف إلى ذلك تقديم هذه الحروب في بعض كتب التاريخ المدرسية الأوروبية بطريقة مشوهة للإسلام و للمسلمين. يجب فهم مبادئ الأديان السماوية التي تدعو للتعاون و المحبة و السلام كما ينبغي التعاون بين الشرق و الغرب لتحقيق المنافع المشتركة و التعايش معا في سلام.[22]

أدي تواجد الأوروبيين في الشرق العربي الإسلامي طوال فترة الحروب الصليبية إلى تأثرهم بالحضارة الإسلامية و يقدم المتحف الافتراضي بعض الآثار المعمارية و بعض القطع التي يعود تاريخها الى تلك الفترة مثل:

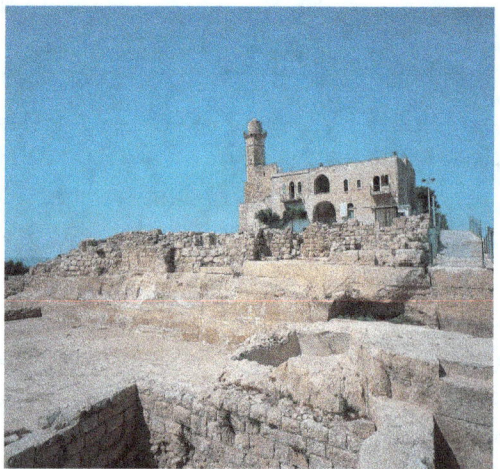

مقام النبي صمويل. القدس[23]. الفترة الافرنجية. ٥٥١هـ/ ١١٥٧م

[21] سورة التوبة آية ٩٢

[22] مصطفي الحلوجي. صورة المسيحية و الثقافة الأوروبية في كتب التاريخ المدرسية العربية. دراسة مقدمة في فيديو كونفرنس: صورة الآخر و ثقافته في كتب التاريخ المدرسية. وزارة التعليم العالى بالقاهرة المكتب الثقافي المصري برلين. ٨ مارس٢١٠٢

[23] http://www.discoverislamicart.org/database_item.php?id=monuments;ISL;pa;Mon01;19;ar

تم توسيعه في العصر المملوكي وترميمه في العصر العثماني

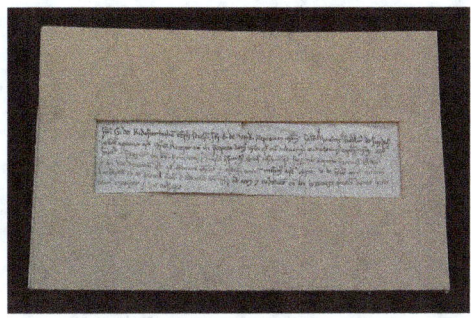

رسالة فرنكيّة . رسالة صليبية .المتحف الإسلامي. القدس. الفترة الصليبية. ٥٧٥ ٥٧٩ ه/ ١١٨٠-١١٨٤ م [٢٤]

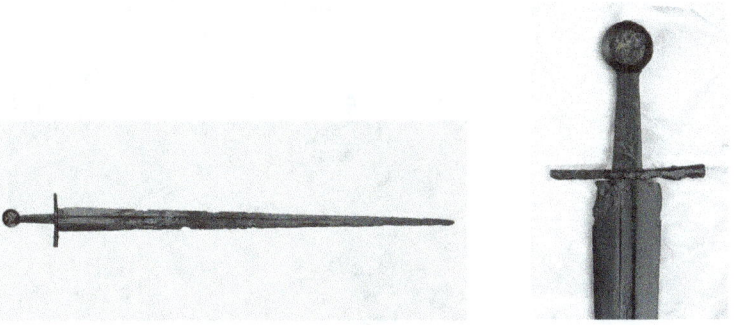

سيف. حوالى القرن السادس ه / الثاني عشر م . العهد الصليبي . مجموعة بيريل، متاحف اسكتلندا غلاسكو، المملكة المتحدة [٢٥]

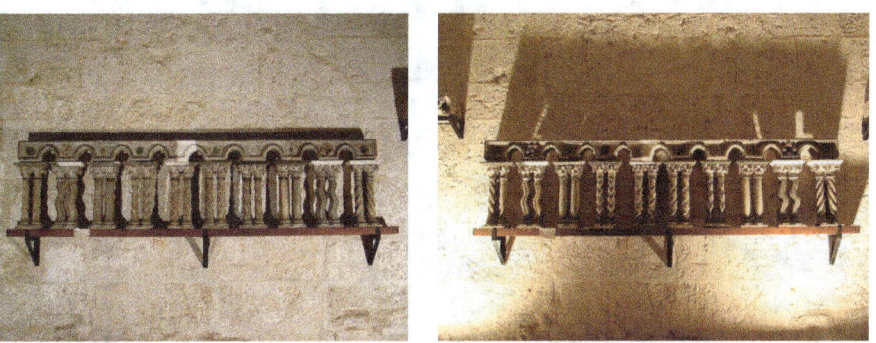

درابزين رخامي صليبي. القرن ٦ه / ١٢م . الفترة الصليبية . المتحف الإسلامي. القدس [٢٦]

الأيوبيون

يشير المتحف الافتراضي إلي تمكّن الأتابكة وهم المدربون العسكريون للأمراء المعينون من قبل السلاجقة من تأمين السلطة قبل الانفراد بها . فقد نجح أحد الأتابكة و يدعى نور الدين محمود بن زنكي (توفي عام ٥٦٩ هـ/ ١١٧٤ م) في اقتلاع الصليبيين من الرهاة في عام ٥٤١ هـ/١١٤٦ م و في توحيد سورية عام ٥٤٩ هـ/١١٥٤م. كان الملك الناصر صلاح الدين يوسف بن أيوب (المعروف بصلاح الدين والذي دام حكمه ما بين عامي ٥٤٦-٥٨٩ هـ/١١٦٩-١١٩٣ م) الذي سُميت الدولة باسمه أحد نواب نور الدين. هزم صلاح الدين الفاطميين في عام ٥٦٦ هـ/ ١١٧١ م و حرر القدس من أيدي الصليبيين في عام ٥٨٣ هـ/١١٨٧ م. حاول الأيوبيون تثقيف رعاياهم عبر تأسيس سلسلة من الكتاتيب (المدارس) الدينية السنية، وأعادوا بناء مسجد بني أمية الكبير، كما أعادوا تحصين قلاع وأسوار مدينتي دمشق وحلب و بنوا قلعة القاهرة.

[24] http://www.discoverislamicart.org/database_item.php?id=object;ISL;pa;Mus01;14;ar
[25] http://www.discoverislamicart.org/database_item.php?id=object;ISL;uk;Mus04;6;ar
[26] http://www.discoverislamicart.org/database_item.php?id=object;ISL;pa;Mus01;11;ar

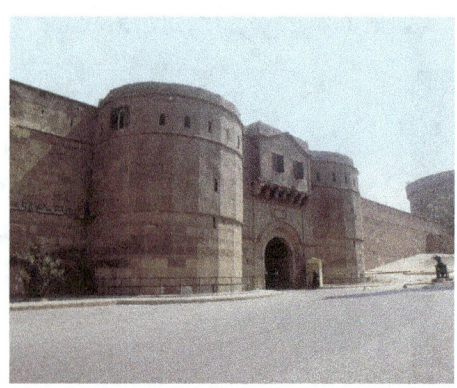

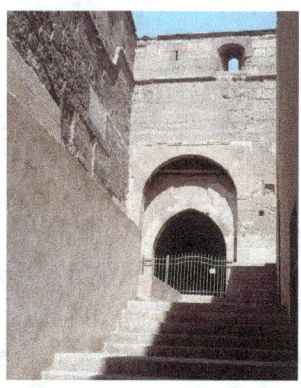

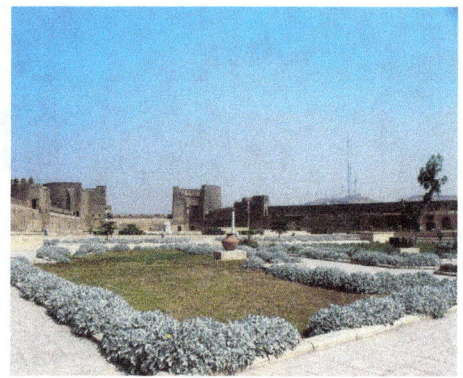

قلعة صلاح الدين الأيوبي. القاهرة [٢٧]. العصر الأيوبي. ٥٧٩ ه / ١١٨٤م

ازدهرت التنمية في العصر الأيوبي حيث تم بناء المدارس والمؤسسات التعليمية التي جسدت صيغاً معمارية ومخزونات زخرفية جديدة.

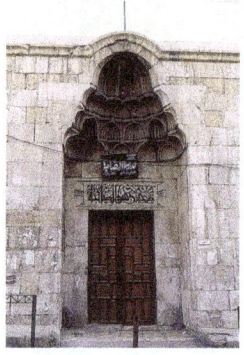

مدرسة الصاحبة. حي الصالحية، دمشق، سوريا[٢٨]. العصر الأيوبي. ١٢٣٣/٦٣٠

كما ازدهرت الحمّامات والخانات وشبكات توزيع المياه والمنشآت الدينية مثل المساجد والأضرحة والتُّرب (القبور) والخانقاهات (الاستراحات) و والبيمارستانات (المستشفيات).

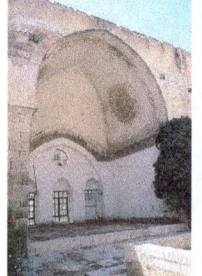

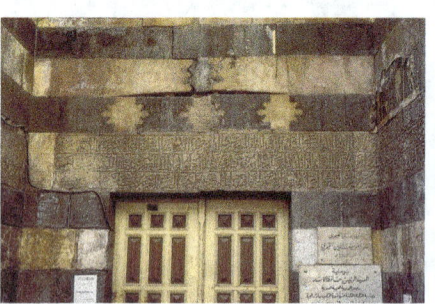

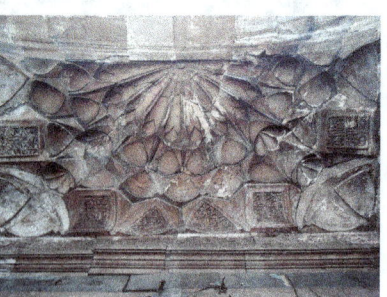

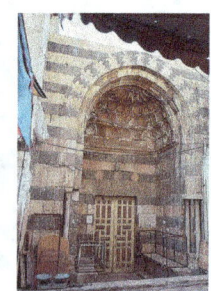

البيمارستان القيمري. الصالحية، دمشق، سوريا[٢٩] . العصر الأيوبي.القرن ١٣ م

السلاجقة

أحفاد سلجوق طغرل بك الذي دخل العراق سنة ١٠٥٥ م بعد القضاء على دولة البويهيين في العراق طبقا لبعض المراجع و استمرت المملكة السلجوقية في العراق وإيران حتي سنة ١١٩٤م. وأخرى في الشرق حتي ١١١٨-١١٥٧ م. نجح السلاجقة وهم مقاتلون أتراك من آسيا الوسطي في حكم المنطقة [٣٠] و شجعوا الفن وهندسة العمارة الإسلاميين.

27 www.discoverislamicart.org/database_item.php?id=monument;ISL;eg;Mon01;8;ar
28 http://www.discoverislamicart.org/database_item.php?id=monuments;ISL;sy;Mon01;8;ar
29 http://www.discoverislamicart.org/database_item.php?id=monuments;ISL;sy;Mon01;9;ar
30 http://www.elazhar.com/mafaheemux/13/10.asp

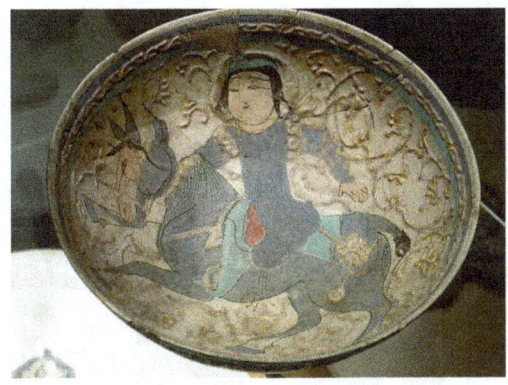

صحن من خزف مزجج. المتحف الوطني للفن الشرقي. روما، إيطاليا. العصر السلجوقي. القرن السادس/الثاني عشر و السابع/الثالث عشر. و مكان صنع القطعة أو العثور عليها إيران[٣١].

سلاجقة الأناضول

تشهد قلعة ديار بكر في تركيا على اهتمام سلاجقة الأناضول بالقلاع القديمة التي تعود إلى العصور الرومانية و العباسية.

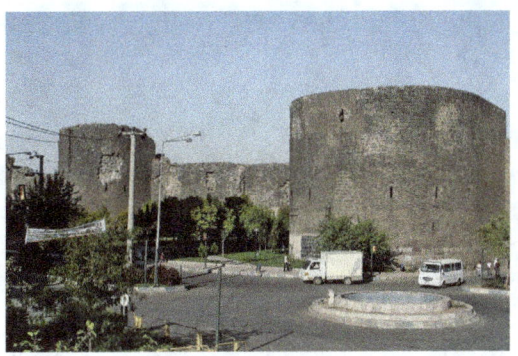

قلعة ديار بكر. ديار بكر، تركيا.

بدأ البناء في عهد الإمبراطور الروماني قسطنطين عام ٣٤٩؛ أما الملحقات والإصلاحات فتمت في العهود البيزنطية والعباسية و المروانية و الأرتقية و السلجوقية.[٣٢]

المماليك

كانت السلطنة المملوكية على امتداد ما يقرب من ثلاثة قرون إحدى قوى الإسلام الكبرى و يشير المتحف الافتراضي. اكتشف الفن الإسلامي إلى أن كلمة مملوك المعروفة تعني في التاريخ العربي عبداً عسكرياً أجنبياً يجري امتلاكه بوصفه مقاتلاً نخبوياً مسؤولاً أمام السلطان فقط. كان معظم المماليك أتراكاً وشراكسة من القوقاز و اعتنقوا الإسلام ودُرِّبوا ليتفوقوا في فنون الحرب. وفي عام ٦٤٨ هـ/١٢٥٠م، أدى فراغ السلطة لدى أسيادهم العرب إلى تمكين المماليك من تأسيس حكمهم الخاص بعد مقتل توران شاه آخر الحكام الأيوبيين على أيديهم في مصر و تولى شجرة الدر حكم مصر لمدة قصيرة حوالى ثلاثة أشهر ثم زواجها من وزيرها عز الدين أيبك ليبدأ معهما العصر المملوكي. ومنذ ذلك التاريخ شرع هؤلاء في بناء دولة امتدت من مصر وفلسطين وسورية إلى مدن الحجاز التي بسطوا عليها سلطانهم حتى عام ٩٢٢ هـ/١٥١٧ م. شهدت السنوات الأولى من حكمهم تهديدات من الأعداء الأجانب غير أن المماليك نجحوا في طرد المغول بعد هزيمتهم الحاسمة في موقعة عين جالوت بفلسطين في سنة ٦٥٨ هـ/١٢٦٠ م، و طرد الصليبيين في سنة ٦٩٠ هـ/١٢٩١ م. وعلى الصعيد الدولي أقامت السلطنة المملوكية روابط قوية مع قوى إسلامية أخرى بما فيها تلك الموجودة في الشرق الأقصى وبيزنطة وفرنسا وقشتالة وصقلية وجنوة والبندقية.

[31] http://www.discoverislamicart.org/database_item.php?id=object;ISL;it;Mus01;29;ar
[32] http://www.discoverislamicart.org/database_item.php?id=monuments;ISL;tr;Mon01;2;ar

كانت القاهرة مركزاً للتجارة العالمية، وكانت سلع وأعمال فنية غريبة من الشرق والغرب تشترى وتباع في أسواقها المتخصصة و التي دأبت حيويتها على حفز أفواج من الحرفيين المحليين. كما شهد الفن الأيوبي المعاصر للفن القوطي المبكر في الغرب وفن سلالة سونغ في الصين، مزيداً من التطوير والإتقان على أيدي المماليك[٣٣].

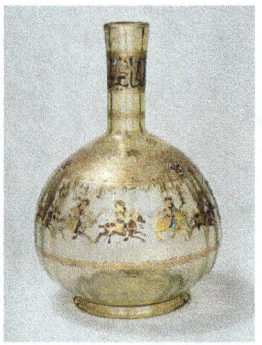

زجاجة لاعب البولو.

العهد المملوكي. سورية أو مصر[٣٤]

اهتم المماليك أيضا بالعمارة و بناء القلاع الحربية و تعتبر قلعة قايتباي بالإسكندرية في مصر من أهم الحصون الدفاعية على ساحل البحر الأبيض المتوسط.

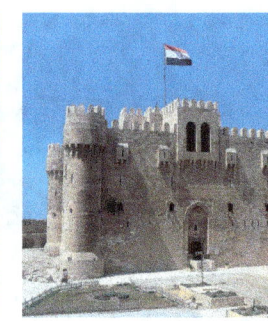

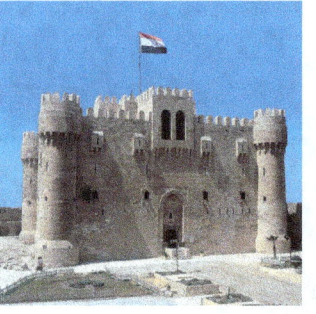

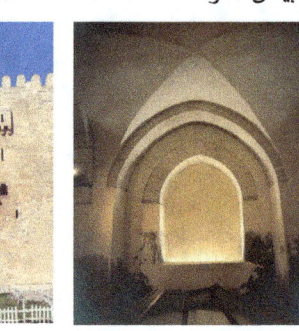

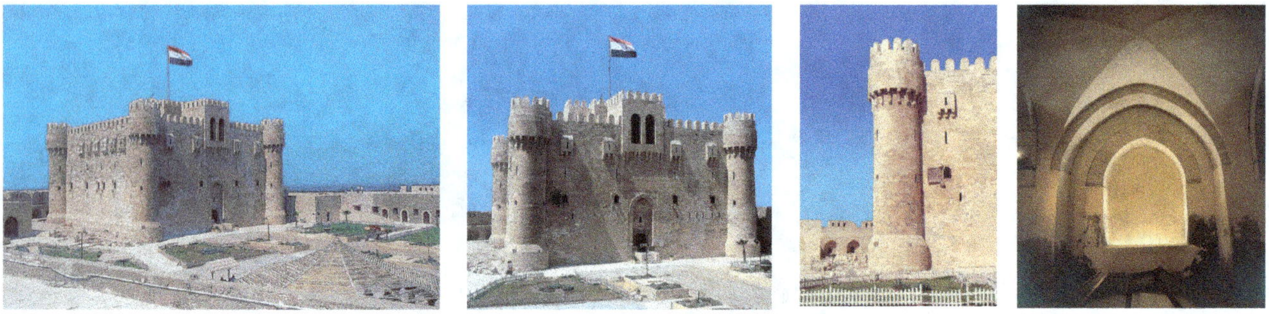

قلعة قايتباي. الإسكندرية. مصر[٣٥]. العصر المملوكي. ٨٨٤ هـ / ١٤٧٩م

الدولة المرينية

مع بداية القرن الرابع عشر الميلادي، شكل المرينيون تهديدا حقيقيا للدولة الموحدية التي تم القضاء عليها نهائيا سنة ١٢٦٩م. حكم بنو مرين المغرب لمدة قرنين لم يستطيعوا خلالها الحفاظ على الإرث الكبير الذي خلفه الموحدون. فبعد محاولاتهم الفاشلة لبسط نفوذهم على الأندلس و المغرب الأوسط من خلال تنظيم العديد من الحملات العسكرية انكب اهتمامهم على إحكام السيطرة على المغرب الأقصى. مساهمة المرينيين في إغناء الرصيد التراثي الإسلامي تكمن بالأساس في تطوير الفنون الزخرفية المغربية خاصة من خلال تطوير الفنون الزخرفية كالزليج الملون و الجص و الخشب المنقوشين التي تزين واجهات المدارس و المارستانات التي أمر سلاطين بني مرين بإنشاءها في عدد من المدن المغربية كالمدرسة البوعنانية و مدرسة الصهريج بفاس و مدرسة مكناس و مدرسة أبو عنان و زاوية النساك بسلا و المقبرة الملكية بموقع شالة الأثري بالرباط.

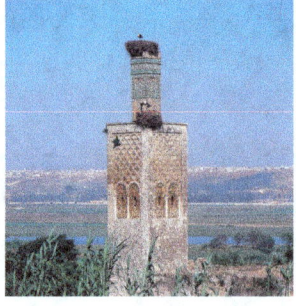

المقبرة المرينية بموقع شالة، الرباط

[34] www.discoverislamicart.org/database_item.php?id=object;ISL;de;Mus01;33;ar
[35] http://www.discoverislamicart.org/database_item.php?id=monuments;ISL;eg;Mon01;10;ar

العثمانيون

أسس العثمانيون إمارة صغيرة في شمال غرب الأناضول ثم أصبحوا بعد قرن من الزمان إحدى أكبر الإمبراطوريات الإسلامية في التاريخ واستمروا على مدى قرونٍ قوة عالمية ومركز العالم الإسلامي ومنافسين للغرب. يشير المتحف الافتراضي. اكتشف الفن الإسلامي إلى تأسيس الأمير عثمان الذي عاش خلال الفترة ١٢٥٨-١٣٢٤م للإمبراطورية العثمانية. بدأت الأسرة الحاكمة العثمانية كواحدةً من الإمارات، الأناضولية في القرن السابع الهجري/الثالث عشر الميلادي وألحق العثمانيون الهزيمة بجيرانهم، ليصبحوا تدريجيا القوة الإسلامية الأقوى في المنطقة. و نجحوا في فتح القسطنطينية (إسطنبول)، في عام ٨٥٧ هـ/١٤٥٣ م ليصبحوا قوة دولية. و استمرت الفتوحات خلال القرنين التاسع والعاشر الهجريين/الخامس عشر والسادس عشر الميلاديين و تمكنوا من إقامة إمبراطورية شاملة لجزء كبير من حوض البحر الأبيض المتوسط، وجنوب شرق أوروبا وشبه الجزيرة العربية والأناضول. كانت المرجعية العليا متمثّلة في السلطان رغم بقائه مقيداً بالشريعة الإسلامية. وكانت شبكة واسعة من الحكام المحليين تؤمن مراعاة الإرادة السلطانية على طول الأراضي العثمانية وعرضها.

كان تأثير هذا النظام المركزي في الفن العثماني كبيراً و بقي العثمانيون سواء في زخرفة قصر أو مسجد أو تزيين بيوتهم الخاصة أو ابتكار منتجات للتصدير إلى سوق أوروبية ملتزمين بمعايير جمالية أفرزتها القمة. وقد تشكلت هذه المعايير بالتقوى الإسلامية العميقة لدى العثمانيين كما يتجلّى ذلك في تأكيد العناصر الزخرفية النباتية التي تشابه أزهار الجنة [٣٦]. انتهت السلطة العثمانية غداة الحرب العالمية الأولى غير أن فنها مازال يسحرنا إلى اليوم و الزهرية التالية ما هي إلا مثال.

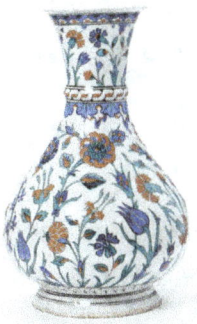

زهرية. حوالى ١٥٧٥م. تركيا. العصر العثماني. متحف فيكتوريا وألبرت. لندن. المملكة المتحدة [٣٧]

الصفويون

ينتمي الصفويون إلى الشيخ صفي الدين الأردبيلي الذي أقام في أذربيجان في القرنين الثالث عشر و الرابع عشر الميلاديين. و في نهاية القرن الخامس عشر كما تشير بعض مواقع شبكة المعلومات فقد قام أحد أحفاده الذي يدعي إسماعيل بالدعوة الى المذهب الشيعي في بلاد فارس وأعلن قيام الدولة الصفوية في تبريز في بلاد فارس ١٥٠١م. و بعد مرحلة من الحروب مع العثمانيين استقر الوضع في عهد عباس الأول (١٥٨٧-١٦٢٩م) الذي استولى على أذربيجان ثم على العراق في سنة ١٦٢٤/٢٣م.[٣٨] خلال حكمه ازدهرت التجارة في أصفهان و قام بإصلاحات شاملة في الجيش و توفير الأسلحة اللازمة له.

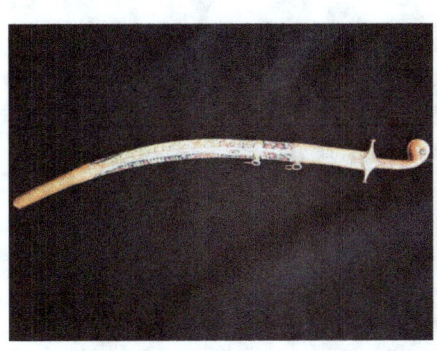

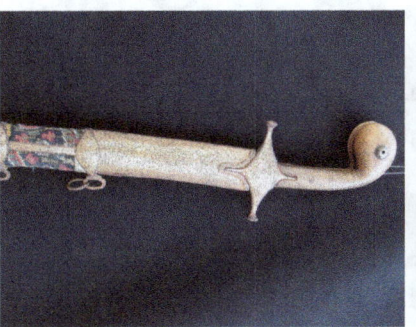

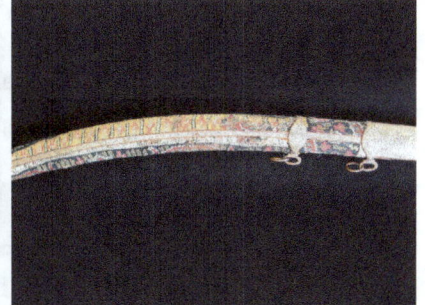

سيف. المتحف الإسلامي. القدس.٧٨٥هـ/١٣٨٣ م. الأسرة الصفوية .المالك الأصلي: الشاه عباس الأوّل حكم في الفترة ٩٩٦ ١٠٣٨ / ١٥٨٨- ١٦٢٩ [٣٩]

[36] http://www.discoverislamicart.org/exhibitions/ISL/the_ottomans/introduction.php
[37] http://www.discoverislamicart.org/database_item.php?id=object;ISL;uk;Mus02;27;ar
[38] http://www.hukam.net/family.php?fam=74#2
[39] http://www.discoverislamicart.org/database_item.php?id=object;ISL;pa;Mus01;19;ar

السعديون و العلويون

خلال حكم الدول اللاحقة التي يصطلح على تسميتها بدول الشرفاء أي الذين ينحدرون من النسب النبوي الشريف كالسعديين (القرن السادس عشر و بداية القرن السابع عشر) و العلويين (القرن السابع عشر إلى اليوم)، تم تداول الأنماط و التقنيات الموروثة عن الدول السابقة وإدخال بعض التعديلات و التجديدات الطفيفة التي لم تنل من جوهر الفن المغربي الأندلسي.

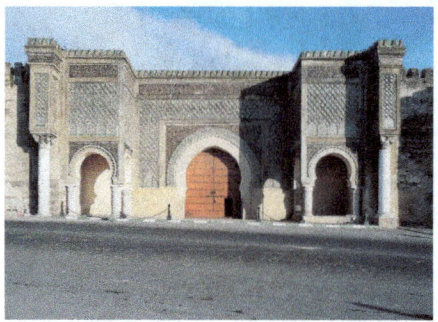

باب المنصور العلج، الفترة العلوية، مكناس

المراجع

مصطفي الحلوجي . صورة المسيحية و الثقافة الأوروبية في كتب التاريخ المدرسية العربية. دراسة مقدمة في

فيديو كونفرنس: صورة الآخر و ثقافته في كتب التاريخ المدرسية. وزارة التعليم العالى بالقاهرة المكتب الثقافي المصري برلين. ٨ مارس٢٠١٢

http://www.discoverislamicart.org

http://www.elazhar.com/mafaheemux/13/10.asp

http://www.hukam.net/family.php?fam=74#2

Mustafa El-Halougi. L'éducation de la paix dans les manuels scolaires-

دراسة مقدمة بالفرنسية في منتدي المرأة الأوروبية المسلمة. جامعة جنيف. سويسرا. ٢٧-٢٨ إبريل ٢٠٠٧

استقصاء التاريخ من اللقى الأثرية

يرتبط التاريخ بالحضارة التي قام بها الإنسان فهو السجل الذي دوّن تلك المسيرة ولاسيّما منذ أن عرف الإنسان الكتابة في الألف الثالث قبل الميلاد فالتاريخ كما يراه ابن خلدون يتطلع إليه جميع الناس عوامهم وملوكهم. ولهذا التاريخ تفسير ظاهر يشترك في فهمه الجميع وتفسير باطن يعبر عنه في مقدمته بقوله: "وفي باطنه نظر وتحقيق و تعليل للكائنات ومبادئها دقيق وعلم بكيفيات الوقائع وأسبابها عميق، فهو لذلك أصيل في الحكمةعريق" فالتاريخ هو تفسير لمسيرة الإنسان وحضارته والتطور الذي طرأ عليه والذي عبر عنه ابن خلدون بقوله "لأن الأخبار إذا اعتمد فيها على مجرد النقل ولم تحكم أصول العادة و قواعد السياسة و طبيعة العمران و الأحوال في الاجتماع الإنساني فربما لم يؤمن فيها من العثور" . فالتاريخ هو دراسة أحداث المجتمع الإنساني حيث يتناول الإنسان و المجتمع الذي يعيش فيه في كل عصر ومكان للكشف عن الجوانب المتعددة في حضارته اقتصاديا واجتماعيا وسياسيا وروحيا.

وتقوم كتابة هذا التاريخ على الأصول التي تعد من أهم الركائز التي تمد الباحثين بالمادة العلمية التي يدور في فلكها المؤرخون و الباحثون. ويرتبط التاريخ بالآثار ارتباطا وثيقا، و يشير أسد رستم في كتابه مصطلح التاريخ إلى قاعدة عامة تقول إذا ضاعت الأصول ضاع التاريخ معها. و اللقى الأثرية تعد من أهم الأصول التي يقوم عليها علم الآثار الذي هو مصدر مهم من مصادر المعلومات لعلم التاريخ و التي تلقى الضوء على الجوانب المتعددة لحضارة الإنسان الروحية و المادية.

تعبر الآثار أو علم الآثار Archaeology عن كل ما صنعه الإنسان، وتشمل جميع المنتجات المادية كالمباني العامة والخاصة والآثار المنقولة وهي كل المصنوعات الدقيقة التي أنتجها الإنسان للإستفادة منها في حياته اليومية مثل الخزف و الفخار و العملات و أدوات الحرب وأدوات

الزينة في إطارها الإيكولوجي بهدف تحقيق أهم أهداف علم الآثار و هو كتابة تاريخ الثقافة الإنسانية التي من خلالها نستقصي عن حقيقة ذلك العصر و الظروف التي طرأت عليه من كافة الجوانب الاقتصادية و السياسية و الاجتماعية و الحضارية فهذه الآثار هي سجل دائم للتطور و التغير الثقافي للشعوب. فالآثار إذا علم يدرس المنتج الحضاري أو الثقافي الماضي و هذا المنتج هو كل ما قادت إليه عملية تكيف الإنسان مع البيئة على مدار الفترة الزمنية التي عاشها الإنسان على الأرض.

يرى لويس بنفورد و هو أحد رواد التيار الحديث في علم الآثار في مقاله الذي نشره عام ١٩٦٢م وعنوانه الآثار كالأنثربولوجيا – Archaeology as Anthropology يرى بأن اللقى الأثريه لا يجب النظر إليها من خلال الجانب المادي للنظام الثقافي فقط وما تؤديه من دور و إنما أيضاً يجب أن ينظر للجوانب الاجتماعية والروحية والنفسية فكل أداة تحمل جزءًا من كل هذه الجوانب وبالتالي فإن النظرة إليها في إطارها الثقافي المتداخل هو الأساس. ويرى بنفورد أنه للكشف عن الجوانب الأخرى للأدوات يجب أن نعتمد الأسلوب العلمي الصحيح من خلال النظرية المناسبة والمنهج السليم.

تنقسم الآثار بدورها إلى آثار منقولة وتسمى السجل الأثري و هو كل أثر نستطيع أن ننقله دون أن يتعرض للضرر أو التلف كالقطع النقدية أو الفخار أو الأختام و الألواح الطينية و غيرها و هناك آثار ثابتة وهي التي لانستطيع نقلها كالمباني والمقابر.

ومن خلال المواد المعروضة في موقع متحف بلاحدود نتعرف على التدوين التاريخي و المعلومات التي يمكن استخراجها من اللقى الأثرية. ومن هذه المواد المسكوكات التي ورد ذكرها في القرآن الكريم في سورة يوسف " وشروه بثمن بخس دراهم معدودة" و في سورة آل عمران "ومنهم من إن تأمنه بدينار لا يؤده إليك إلا ما دمت عليه قائما". وإذا انتقلنا إلى العصر الأموي سنجد النقد الإسلامي الذي ضرب وعرّب لأول مرة في تاريخ الحضارة الإسلامية عام ٧٧هـ ٦٩٦م في عهد الخليفة عبد الملك بن مروان الذي تولى الخلافة في الفترة (٦٥-٨٦هـ/ ٦٨٥-٧٠٥م) خير معين لفهم ماتقدمه المادة الأثرية من معلومات قيمة لفهم الجوانب المتعددة للحضارة الإسلامية واستقصاء المعلومات. فهي أثر ترك منذ ذلك الزمن و وصل إلينا عن طريق الحفريات و يمكن مشاهدة المعلومات الواردة عليها وقياس وزنه وربطه بالعملية الاقتصادية لذلك الزمن. كما يمكن دراسة الخط على هذه العملة و طرق الكتابة و العبارات الواردة عليها و كلها قرائن مادية تفيد في فهم التاريخ الإسلامي.

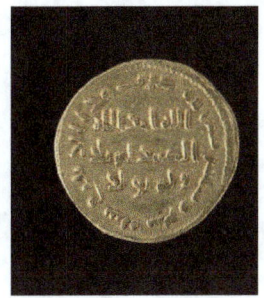

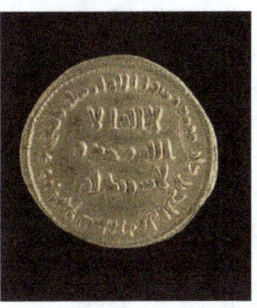

ظهر العملة وجه العملة

تعد هذه أول عملة إسلامية أصدرت في عهد الخليفة الأموي عام ٧٧هـ/ ٦٩٦م، حيث تلقي ضوءا مهما على الجوانب المتعددة لذلك العصر فالكتابات الموجودة عليها:

الوجه المركز: لا إله إلا الله وحده لاشريك له.

الوجه المحيط: محمد رسول الله ارسله بالهدى ودين الحق ليظهره على الدين كله.

الظهر المركز: الله احد الله الصمد لم يلد ولم يولد

الظهر المحيط: بسم الله ضرب هذا الدينار سنة سبع وسبعين.

هذا الدينار وثيقة مهمة تؤكد استقلال النقد الإسلامي في العصر الأموي عن النقد البيزنطي. كما تؤكد المدى الذي وصلت إليه الدولة الأموية من قوة اقتصادية في الفترة التي تواجد بها الخليفة عبد الملك بن مروان في الحكم و عدم تواجد إشارة لمكان الضرب اشارة إلى أنّ مكان سك

هذا الدينار هو العاصمة الأموية دمشق. وكتابة هذه العملة بالخط العربي الكوفي و هو الخط الرسمي للدولة هو إعلان الاستقلال الاقتصادي عن الدينار البيزنطي الذي اعتمد عليه العرب والمسلمون منذ عصر ما قبل الإسلام حتى حكم الخليفة عبدالملك بن مروان. و هذا يدل على القوة السياسية و الاقتصادية لمركز الخلافة في دمشق حيث انتشرت هذه العملة في أرجاء الدولة خلفا للدينار البيزنطي و خلفا للدرهم الفارسي الذي كان متداولا لفترة زمنية طويلة.

و العملة وثيقة نتعرف من خلالها على الحالة الاقتصادية لذلك العهد فالدينار الأموي مصدره الذهب. فوزن الدينار و نقاءه مؤشر على الرخاء الاقتصادي في ذلك العصر و أما قلة وزنه و عدم نقائه مؤشر على الخلل و الارتباك الاقتصادي للدولة.

حملت العملات الشعارات الدينية التي تبين عقيدة الدولة في تلك الفترات كما يبرز هذا الدينار روح العقيدة الإسلامية التي تبنتها الدولة الأموية و جعلتها شعارا لها. فالخليفة الأموي عبدالملك بن مروان عندما عرّب الدينار جعل وزنه ٤٫٢٥غ من أجل معادلته مع عدد الدراهم أي عشرة دراهم لكل دينار و ذلك حرصا على التوازن من أجل دفع أموال الزكاة.

كما ارتبطت العملة الإسلامية بالخط العربي و الفن الإسلامي بما تميزت به من نقوش كتابية بالخط الكوفي. فالعملة تعد من مصادر التعرف على الخط و تطوره في العصور التالية كما أن الدنانير الإسلامية التي ضربت بعد هذا العهد تحوي النقوش الفنية والجمالية للخط العربي.

تطور الفن الإسلامي تزامنا مع العصر الأموي ثم العباسي و العثماني و تعددت المجالات التي تضمنها كالعمارة و الخط و الخزف و التحف المعدنية و النسيج و غيرها. و قد استطاع الفنان المسلم أن يعبر عن هويته وثقافته من خلال قطع فنية و عمائر لاتزال شاهدا على ماقدمه للحضارة. و لم يكن هذا التطور الذي بدأت ملامحه في العصر الأموي بعيدا عن الإحتكاك بالثقافات الأخرى كالرومانية و الفارسية إلا أن الفنان المسلم وضع بصمته الفنية على هذا الفن.

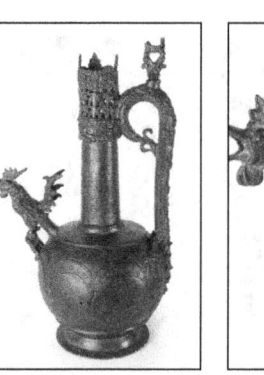 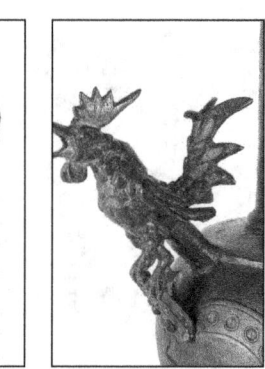

هذا الإبريق المعدني يسمى إبريق مروان، ظهر في العصر الأموي الذي يرجع للقرن الثاني الهجري/ القرن الثامن الميلادي و ينسب إلى آخر خلفاء بني أمية مروان الثاني. يمثل هذا الإبريق حلقة اتصال بين الثقافة الفارسية و العربية. و على الرغم من أن هذا الإبريق وجد في المراحل الأولى للفن الإسلامي إلا أن الزخارف النباتية والحيوانية والهندسية التي غطت هذا الإبريق تتميز بالدقة الجمالية للزخرفة الإسلامية. و تربع الديك على صنبور هذا الإبريق فاردا جناحيه رافعا ذيله ممددا جسمه صائحا يعد إلهاما من ذلك الفنان. و يلاحظ أن مقبض الإبريق مغطي بزخارف نباتية ومتصله بكائنين خرافيين.

ظهر في هذا الإبريق الأثر الفارسي على الفن الإسلامي في مراحله الأولى حيث برزت فكرة التجسيم عند الساسانيين التي تمثلت في تصميم الديك في وضع حركي و الاهتمام بتفاصيل الجسم و الأطراف، و هذا الإبريق استخدم في وضوء الصلاة. و قد أحدث وجوده جدلا بين علماء الآثار، فقد اعتقد البعض أن صياح الديك يرمز لآذان صلاة الفجر و كأن الفنان جمع بين الفن والدين.

اكتشف الفن الاسلامي

المراجع

- ابن خلدون. مقدمة ابن خلدون. تقديم محمد الإسكندراني. دار الكتاب العربي، بيروت، ١٩٩٦م.
- أسد رستم. مصطلح التاريخ. المكتبة العصرية، صيدا. بيروت، ٢٠٠٢م.
- حسن الباشا. مدخل إلى الآثار الإسلامية. دار النهضة، القاهرة.
- حسين القزويني. مسكوكات الخلافة العباسية. لايوجد دار نشر، ١٩٧٩م.
- سعاد ماهر محمد. كتاب الفنون الإسلامية. الهيئة المصرية العامة للكتاب، القاهرة، ١٩٨٦م.
- د.محمد أبو الفرح العش. "المسكوكات في الحضارة العربية الإسلامية". وقائع المؤتمر التاسع للآثار بصنعاء ١٩٨٠م. الآثار الإسلامية في الوطن العربي (تونس، المنظمة العربية للتربية والثقافة والعلوم، ١٩٨٥م) ص١٩٤-٢٢٨.
- محمود النبوي الشال، مها محمود النبوي الشال. الفنون التشكيلية في الحضارة الإسلامية القديمة. الهيئة المصرية العامة للكتاب، القاهرة.
- Lewis R. Binford, Archaeology as Anthropology, American Antiquity, 1962 Vol. 28, No. 2, p. 217-225
- www.museumwnf.org

عناصر الفن الإسلامي

جاء الإسلام متمماً لمكارم الأخلاق وهذا ما قاله رسول الله صلى الله عليه وسلم "إنما بعثت لأتمم مكارم الأخلاق". الإسلام أبقى على حياة الناس اليومية بفنونهم و حضارتهم التي صبغت بصبغة الإسلام وبالهوية الإسلامية الجديدة. جذور الفن الإسلامي متأصلة بالهوية العربية قبل الإسلام فقد استمدها من تراث الحضارات القديمة في جنوب و وسط شبه الجزيرة العربية كحضارة معين و سبأ و حمير و تدل الاكتشافات الأثرية الحديثة في موقع قرية الفاو في المملكة العربية السعودية على العمق والتنوع الحضاري في مجال الفنون الصغيرة و العمارة. و في شمال الجزيرة ظهر الأنباط وعاصمتهم بترا Petra ثم الغساسنة في الشام و في العراق وصلت مملكة الحضر العربية إلى مرتبة عالية في التطور العمراني والفني والتي عرفت في المصادر القديمة بمملكة عربايا.

ومنذ فجر الإسلام في القرن السابع الميلادي بدأت الفتوحات واتسعت الدولة الإسلامية حتى أصبحت حدودها تمتد من الصين شرقا إلى المحيط الأطلسي غربا. و في هذه المساحة الجغرافية الشاسعة اختلط العرب بالعديد من الشعوب التي امتزجت ثقافتهم بروح الإسلام كالفرس و الروم و الأقباط. و أصبحت هذه الثقافات روافد مهمة للفن الإسلامي فيما بعد. وعندما سيطر المسلمون على هذه المناطق أبقوا على الصناعات في أيدي السكان الأصليين حيث استمروا في إنتاج صناعاتهم وفق النمط السائد قبل الفتح الإسلامي. و مع مرور الوقت بدأت هذه الفنون تتحور وتظهر الهوية الإسلامية الخالصة. ففي العصر العباسي الثاني مثلا نضج الفن الإسلامي إذ تعتبر مرحلة سامراء منعطفا حاسما ففيها تبلور الفن الإسلامي وفيها ظهرت أنماطه الخالصة. فالخزف ذو البريق المعدني الذي وجد في أطلال سامراء يفوق جماله و بريقه كل ما عرفه العالم الإسلامي. تطور هذا الفن في العديد من الأقاليم الإسلامية كالرقة ببلاد الشام و في القاهرة والفسطاط و في المغرب العربي و إيران بالإضافة إلى مدن كوتاهيه وأزنيك في تركيا. شمل هذا التطور مجالات عدَة كالعمارة التي كانت المساجد محورها والفنون التطبيقية كالخزف والخط والمنسوجات وغيرها. و برع الفنان في تلك الفترة بالقدرة الفائقة على تسخير خياله في الأعمال التي لا تزال شاهدا على براعته ودقته و التي أغنت المجموعات المتحفية بقطع فنية عالية الدقة وفائقة الجمال.

و لعل أهم المميزات و الخصائص التي انفرد بها الفن الإسلامي هي ميزة التنوع فيندر أن نشاهد قطعتين فنيتين متماثلتين فالفنان المسلم كان يستخدم عناصر زخرفية متنوعة في زخرفة القطعة الواحدة. وكان دقيقا وأمينا في تنفيذ هذه العناصر والزخارف حيث تبدو و كأنها لوحة فنية فشبابيك القلل وهي فلاتر توضع بين فوهة جرة الماء وعنقها – و بالرغم من أن شبابيكها غير ظاهرة للعيان- فهي تزين بالزخارف الجميلة والدقيقة ولا نجد شباكين يتشابهان في زخرفتهما. و قد وصل التنوع مرحلة متقدمة من الإبداع في جامع ابن طولون الذي يحيط به ١٢٨ شباكاً معقوداً من الجص المفرغ به زخارف هندسية ونباتية متداخلة و تنوعت الزخارف فيها بحيث لا توجد نافذة تشابه الأخرى في زخرفتها.

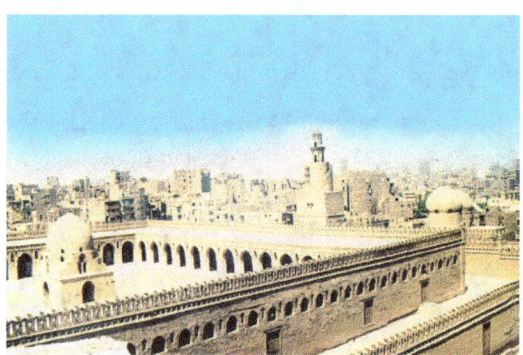

مسجد ابن طولون القاهرة ٢٦٥هـ/٨٧٩م

كانت روح الدين الإسلامي ظاهرة في هذا الفن و لاسيما في بناء المساجد و الجوامع فرغم التنوع في المشغولات و العمائر في الحضارة الإسلامية فقد ظلت الوحدة في الفن الإسلامي ظاهرة في العديد من المجالات كالعمارة الإسلامية الدينية مثل جامع سامراء في العراق و الجامع الأموي في الشام و الجامع الأزهر في مصر و جامع الزيتونة في تونس و جامع القرويين في فاس التي كانت ولاتزال تحافظ على مظهرها وجوهرها رغم التنوع في الزخارف والبناء. كما تم استخدام الخط العربي بأشكاله المختلفة و الزخرفة الإسلامية المتنوعة كالمقرنصات التي أبدع فيها الفنان المسلم و بناء القباب و المآذن، كدلالات على شيوع الوحدة في الفن الإسلامي.

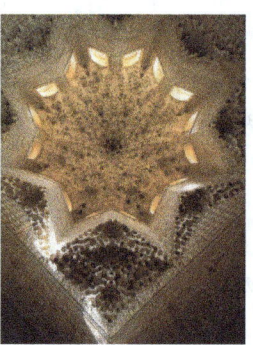

قاعة بني السراج في قصر الحمراء، في غرناطة قبة مكسوة بالمقرنصات الفترة النصرية،
من ٦٣٦ / ١٢٣٨ حتى حكم محمد الخامس ٧٥٤ – ٧٩٤ / ١٣٥٤ – ١٣٩١

كما تميز الفن الإسلامي بتجنب الفراغ التي عبر عنها بالزخارف على القطع الفنية أو العمائر التي زين بها الفنان المساحات فلم يترك في القطعة الفنية مساحة بسيطة دون زخرفة. وهذا العنصر أدى إلى تميز الفن الإسلامي بتكرار الزخارف حتى خلت جل القطع من الفراغ.

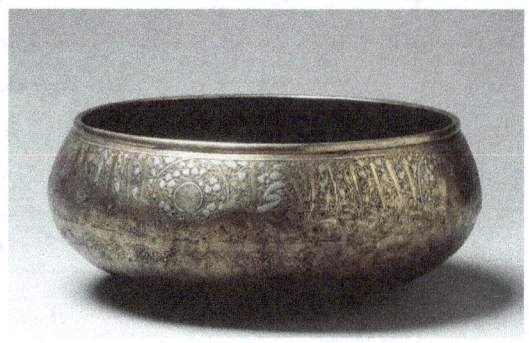

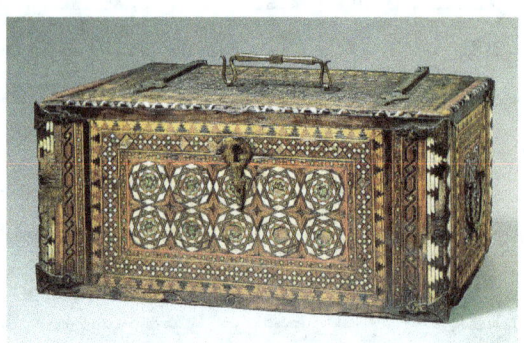

زبدية من العصر المملوكي القرن٨هـ/ ١٤م

صندوق خطاط في الأندلس القرن ٨هـ/ ١٤م

عرف عن الفن الإسلامي البعد عن التجسيم فتجنب الصناع رسم ذوات الأرواح من خلال عمل زخارف مسطحة نباتية وهندسية تخفي المظهر الجسماني. و في كثير من الأحيان تستعمل عناصر أخرى كالتطعيم بالأحجار الكريمة أو أشرطة الذهب والفضة أو بالتكفيت أو بزخرفة النيلو.
و ابتعد الفنان في العصر الإسلامي عن محاكاة ذوات الأرواح لما فيها من مضاهاة لعظمة الخالق. لذلك أخذت الزخارف الإسلامية تنحى نحو التجريد وتكرار العناصر الزخرفية بواسطة وحدات منفصلة فأصبحت الموضوعات الفنية عبارة عن عناصر زخرفية منفصلة مثل النجمة السداسية و المراوح النخيلية و أنصاف المراوح النخيلية وعناقيد العنب وغيرها.

أقسام الفن الإسلامي:

أ. العمارة:

تعد العمارة الركن الأساسي في الفن الإسلامي، حيث حوت عمليات فن نقش الحجارة و تصميم العقود والشرفات أشكال المآذن والقباب و الأعمدة و التيجان و المقرنصات و تزيينها بالخط العربي من خلال الاستشهاد بالآيات القرآنية و الأدعية و النصوص التذكارية. كما أنه تم توظيف الأشكال النباتية والهندسية في الزخرفة و انقسمت العمارة الإسلامية إلى منشآت دينية ومنشآت مدنية أخرى حربية.

أولا: المنشآت الدينية:

تعكس المساجد والجوامع الروح الإسلامية للعمارة التي بدأت ببناء الرسول عليه السلام لمسجد قباء ثم تطورت مع انتشار الإسلام حتى أصبحت لها خصائص تميزها كارتفاع البناء وضخامة الأبواب و علوها و انتشار الزخارف وتنوعها.
يعد المسجد من أبرز العمائر الدينية ففيه تقام الصلوات و تخلد المناسبات الدينية كصلاة العيدين و قيام رمضان ويعلن الجهاد و تقام الدروس و مجالس الذكر كما تتم في المسجد عقود النكاح فهو المدرسة و دار الإمارة و القضاء و كانت تعقد فيه ألوية الحرب . و من خلال المسجد تطورت الفنون الزخرفية و التطبيقية الإسلامية كالثريات و مصابيح الإضاءة و زجاج النوافذ و الأبواب و المنابرو أما فنون السجاد فاسخدمت في فرش المسجد الذي تتلى فيه آيات القرآن كما ظهر فن تجليد الكتب و زخرفة القرآن. ولاتزال المساجد شاهدا على إبداع الفنان في تلك الحقبة كجامع الأمويين ٧٠٦-٧١٥م/ ٨٧-٩٦ه في دمشق، و جامع ابن طولون٨٧٩م/٢٦٥ه و الجامع الأزهر ٩٧٠-٩٧٢م/ ٣٥٩-٣٦١ه في القاهرة و مسجد القرويين في فاس.

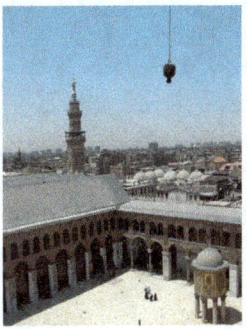

الجامع الأموي في دمشق ٦-٧١٥م/ ٨٧-٩٦ه

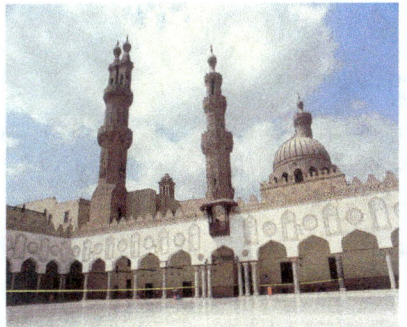

جامع الأزهر في القاهرة ٧٠-٩٧٢م/ ٥٩-٣٦١ه

ثانيا : المنشآت المدنية :

برزت العمارة المدنية الإسلامية من خلال نماذج كثيرة تمثلت في القصور و المدارس و الأسواق و البيمارستانات و الخانات و الأسبلة و الحمامات و الأضرحة و انتشرت في أرجاء العالم الإسلامي و لايزال قصر الحمراء في الأندلس شاهدا على جمال و تألق الفن الإسلامي في العمارة المدنية حيث أدمجت الفضاءات المشيدة في المساحات الخضراء في تناسق و انسجام تامين.

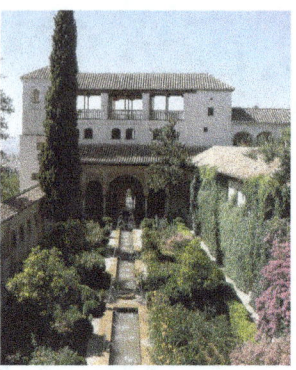

قصر الحمراء في غرناطة من ٦٣٦ / ١٢٣٨ حتى حكم محمد الخامس (٧٥٤ – ٧٩٤ / ١٣٥٤ – ١٣٩١)

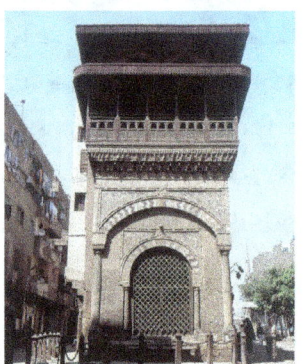

سبيل وكتاب عبدالرحمن كتخدا ١٧٤٤م في القاهرة

ثالثا : المنشآت العسكرية :

و عرف الفن الإسلامي العمارة العسكرية التي برزت من خلال منشآت استخدمت لأسباب دفاعية كسور القاهرة الذي بني ليكون حصنا ضد أعدائها و القلاع و الحصون كقلعة صلاح الدين ١١٨٤/٥٧٩ه في القاهرة و قلعة دمشق ١٢٠٢-١٤/ ٥٩٩-٦١٠ه و الرباطات كرباط سوسة ٨٢١م/٢٠٦ه في تونس.

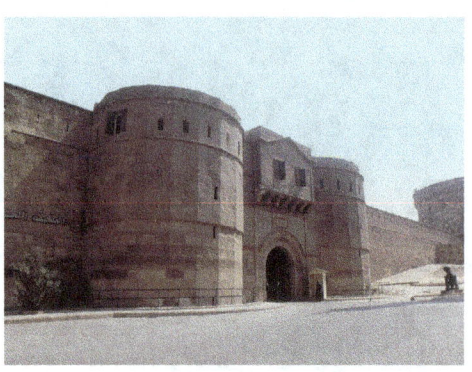

قلعة صلاح الدين في القاهرة ١١٨٤/٥٧٩ه

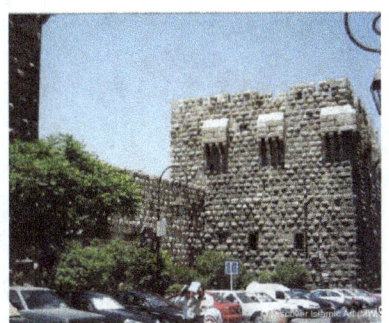

قلعة دمشق ٢-١٢١٤/ ٥٩٩-٦١٠ه

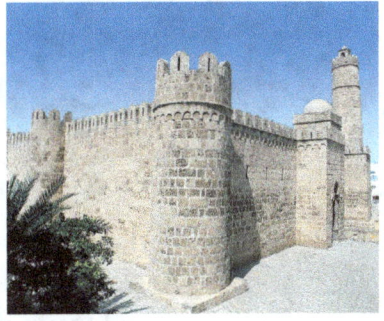

رباط سوسة ٨٢١م/٢٠٦ه في تونس.

ب. الزخرفة:

تعد الزخرفة عنصرا جوهريا في الفن الإسلامي له طابع جمالي خاص يميزه عن الفنون الأخرى و تنقسم الزخرفة الإسلامية إلى أربعة أقسام: الزخرفة الهندسية والزخرفة النباتية والزخرفة الكتابية والزخرفة بالكائنات الحية.

أولا: الزخرفة الهندسية:

برزت الزخارف الهندسية في الفن الإسلامي بنماذجها المتعددة من مثلثات و مربعات و أشكال دائرية و مضلعات نجمية و أشكال خماسية و سداسية التي اعتمدت على إلمام الفنان بعلوم الهندسة حيث مكنته من استعمال كافة الأشكال الهندسية في الزخرفة. و شملت هذه الزخارف النوافذ و الأبواب و الجدران و المنقولات الخشبية و المعدنية و المصاحف و الكتب.

ثانيا: الزخرفة النباتية:

انتشرت الزخارف النباتية في الفن الإسلامي و يعد الأرابيسك أو ما يسمى بفن الرقش العربي أو التوريق مثالا لانتشار الزخرفة النباتية. فالأرابيسك عبارة عن زخارف تحوي الفروع النباتية و جذوع منثنية و متشابكة، حيث حاول الفنان أن يحاكي الطبيعة بطريقة فريدة نابعة من خياله الخصب. ولقد ازدهرت الزخارف النباتية بشكل كبير في العمارة والفنون التطبيقية الإسلامية.

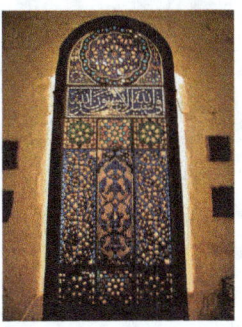

شباك من المسجد الأقصى يحوي زخارف هندسية ونباتية من القرن ١٢ه/١٨م

ثالثا: الزخرفة بالكائنات الحية:

و أما الزخرفة بالكائنات الحية فعلى الرغم من حساسية تصويرها عند المسلمين فقد تم توظيف ذوات الأرواح في الفن الإسلامي كالأسد و الفهد و الفيل و الغزال و الأرنب. كما وجدت صور لحيوانات خرافية استوحاها الفنان من الشرق الأقصى كالتنين والعنقاء ووجدت الزخارف بالكائنات الحية في المخطوطات و المعادن و اللوحات الجدارية و الخشب و النسيج و الخزف.

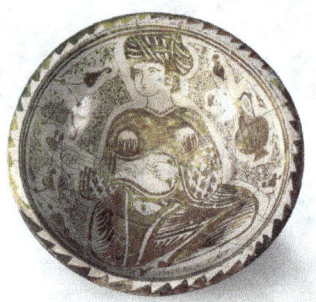

طبق كبير من العصر الفاطمي يمثل الزخرفة بالكائنات الحية من القرن ٥هـ/١١م

رابعا: الزخرفة الكتابية:

تميزت الزخرفة في الفن الإسلامي باحتوائها على العناصر الكتابية التي تعدَ مصدرا لتاريخ العمائر و التحف، فلكل عصر أسلوبه المميز في زخرفة الخط. كما استخدمت الزخرفة الكتابية بالأساس في كتابة الآيات القرآنية و وصلت لمرحلة متقدمة ابتكر إثرها الخطاطون من الأحرف والكلمات صورا ذوات أشكال آدمية أو حيوانية أو نباتية. و شملت هذه الزخارف الكتابية العمارة و المصاحف و المخطوطات و قطع النقود و التحف المعدنية و الزجاجية و الأقمشة.

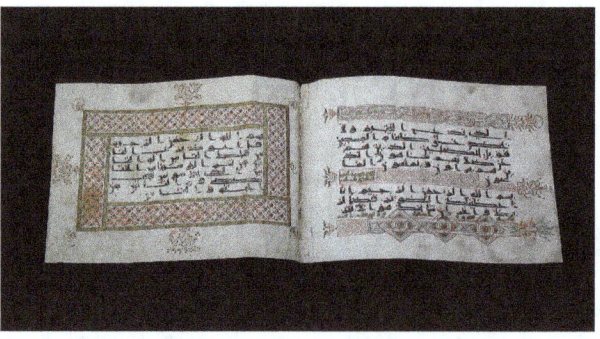

مصحف كوفي من العصر العباسي القرن ٣هـ/٩م يعد نموذجا للزخرفة الكتابية

ج. الفنون التطبيقية:

و تشمل كل المصنوعات مثل الخزف و الفخار و الزجاج و البلور و التحف المعدنية و النسيج و السجاد وغيرها.

أولا: فن الخزف والفخار:

يعد هذا الفن من أهم الفنون التطبيقية الإسلامية فالإنسان عرف الفخار لتوفر مادتي التراب و الماء فوظَفهما في صنع الجرار لمساماتها في تبريد و حفظ الماء. و لقد عثر في الفسطاط لوحدها على عشرات الألوف من القطع الخزفية فيما بين القرن ٣-١١هـ/ ٩-١٧م، وينقسم هذا الفن إلى قسمين: الخزف المفخور و الخزف المزجج.

تعد القلل ذات الشبابيك المزخرفة من الفخار الذي ظهر في مصر دون غيرها حيث يوجد بين بدن القلة و رقبتها شباك -لا يرى بالعين المجردة - يحفظ الماء من الحشرات و ينظم تدفق الماء عند الشرب. و تحوي هذه الشبابيك زخارف متنوعة نباتية وهندسية و أشكالا آدمية و حيوانية و كتابات تمثل أدعية أو تمنيات بالشفاء و الصحة لشاربها.

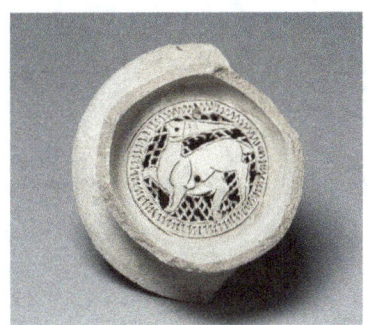

شبابيك القلل

يعد الخزف أكثر نقاء و صلابة من الفخار إذ تطورت هذه الصناعة مع تطور الحضارة الإسلامية في القرن ٣هـ/٩م . و استخدم الخزف في صناعة الأطباق و الصحون و الطاسات و الأباريق و الفناجين و الكؤوس و القلل و الشمعدانات و المباخر و المسارج و المصابيح و الدوارق و الأقداح و المزهريات بالإضافة إلى بلاطات القاشاني و الفسيفساء الخزفية وغيرها.

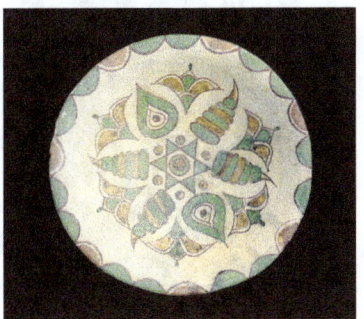

صحن مزخرف بأوراق اللوتس

و يعتبر الخزف ذو البريق المعدني مؤشرا على مدى تقدم الفن الإسلامي حيث يعد ابتكارا حقيقيا فقد تمكن الخزفيون من إكساب الخزف بريقا معدنيا بين القرنين ٣-٩هـ/ ٩-١٥م حيث يضاهي بريقه آنية الذهب والفضة. فهذا الإنتاج في الفن الإسلامي جاء متماشيا مع روح الإسلام الذي نهى عن استخدام آنية الذهب و الفضة. و لقد شاع استخدام الخزف ذو البريق المعدني في أنحاء العالم الإسلامي آنذاك.

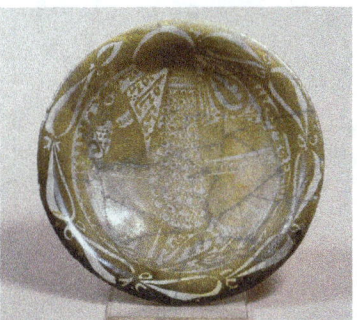

زبدية "خزف ذو بريق معدني" مرسوم عليها حيوان خيالي

ثانيا: فن الزجاج والبلور:

ورث الصناع المسلمون تقنية صنع الزجاج عن الحضارات القديمة و مع مجيء الإسلام استمرت الورشات القديمة في اشتغالها و طورت تقنياتها و موضوعاتها لدرجة أصبحت معها مصانع المشرق هي الأكثر إنتاجا و منتجاتها الأكثر طلبا. هكذا طور الأمويون صناعة الزجاج التي نقلوها عن البيزنطيين حيث تعد الفسيفساء ذات الأرضية المذهبة التي تزين قبة الصخرة ببيت المقدس أحسن النماذج الممثلة لهذه الفترة. وبصفة عامة تبقى القطع الزجاجية الأثرية التي تنتمي لهذه الحقبة التاريخية قليلة جدا.

و بلغت صناعة الزجاج الإسلامي ذروتها خلال العصر العباسي من خلال إدخال طرق جديدة في الصنع كاستعمال القوالب الطينية التي تسهل التحكم في شكل القطعة و بالتالي تفتح المجال لمضاعفة المنتوج و تنويعه. كما ظهرت تقنيات أخرى تعتمد على قطع الزجاج الملون و المركب (سامراء) و تقنية الزجاج ذو البريق المعدني.

تعددت استخدامات الأواني الزجاجية إلى القوارير والقماقم و الدوارق و الأباريق و الصحون و الأكواب و الأطباق و المصابيح و المحابر و الصناديق و صناعة الصنج الزجاجية لوزن السكة و العقاقير.

و زيّنت التحف الزجاجية بأشكال كتابية و هندسية و آدمية و حيوانية و نباتية و استخدم الزَجاجون مادة البريق المعدني في زخرفة الأواني الزجاجية. كما عرف المسلمون في القرن السادس الهجري / الثاني عشر الميلادي الزخارف المذهبة و المينا المتعددة الألوان. و من أهم الأواني الزجاجية المموه بالمينا هي المشكاوات المملوكية التي تميزت بالزخارف الهندسية والنباتية.

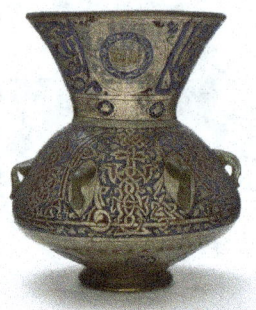

مشكاة مسجد، مذهب ومطعم بالمينا

يعد العصر الفاطمي من أبهى فترات فن صناعة الزجاج الإسلامي حيث يقدم نماذج فريدة من الزجاج المنفوخ و المصنوع على شكل البلور الصخري الذي يعتمد على تراكب الألوان و الأشكال. فالبلور الصخري أو الكريستال مادة طبيعية تشبه الزجاج و لكنها أشد صلابة. عرفت هذه الأواني البلورية ازدهارا كبيرا و صنعت منها المسارج و الأباريق و القناني و قطع الشطرنج وا لمحابر و الأختام وغيرها.

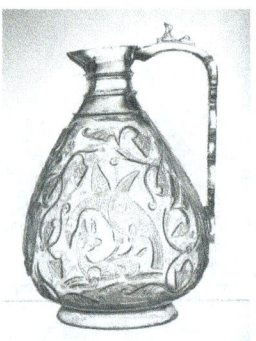

إبريق من البلور الصخري

أبدع الفنانون في فن الزجاج الذي استخدم في عمل القماري أو الشمسيات وهي نوافذ من الجص المفرغ بوضع الزجاج الملون وعليها الزخارف المتنوعة حيث يعكس هذا الزجاج الملون ضوء الشمس إلى داخل البناء لتخفيف حدة الضوء و دخوله في مسطحات لونية تتغير كلما تحركت الشمس . و هذا يعكس مدى الإبداع الذي وصل إليه الفن الإسلامي.

و حتى القرن السادس عشر الميلادي عرفت هذه الصناعة إنتاج قطع الزجاج المذهب و الملمع التي كانت موجهة إلى الأثرياء و الوجهاء. و لقد شاع استعمالها بوجه الخصوص خلال الحروب الصليبية. كل هذه التقنيات تم نقلها إلى الغرب المسيحي إثر سقوط القسطنطينية في سنة ١٤٥٣م ليتحول مع ذلك قطب الصناعة من المشرق إلى الغرب.

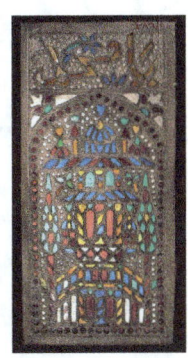

جص معشق بزجاج ملون، لقرن ١٠ هـ / ١٦ م

ثالثا : فن التحف المعدنية :

و منذ تأسيس الدولة الإسلامية تأثرت التحف المعدنية الإسلامية بالأسلوب الساساني من حيث الشكل و الزخرفة باستثناء زخارف ذوات الأرواح التي قل استخدامها لأسباب دينية. و أطلق على هذه القرون مصطلح "ساساني متأخر" أو "ما بعد الساساني". كما أن هذه الصناعة تأثرت بالتراث القديم في حوض البحر الأبيض المتوسط و أثرت فيه. وبفعل التصاهر الكبير الذي حصل بين مختلف ورش الدول المتوسطية فإنه يصعب أحيانا تحديد هوية التحف في غياب شبه تام لعناصر التأريخ.

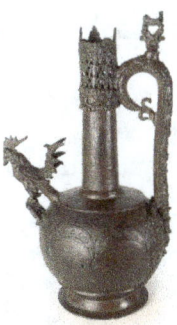

ابريق مروان من القرن ٢هـ/٨م نموذج للأسلوب الساساني

وقد وظف الفنانون العديد من المعادن في تشكيل التحف كالبرونز و الحديد و النحاس و قل استعمال الذهب والفضة قياسا بغيرهما من المعادن نظرا لعامل الدين. كما استخدم الفنانون العديد من الأساليب في صناعة وتشكيل التحف المعدنية. كالطرق و الصب في قوالب معدنية و الضغط و الكشط و الحز و الحفر و التخريم و الزخرفة بالنيلو و التكفيت و المينا.

تطورت الصناعات المعدنية وبلغت مرحلة عالية من الدقة و الجمال. و تعددت منتجاتها و من أبرزها صناعة الأسلحة كالسيوف و الخناجر و الرماح و الخوذات و الدروع و الدبابيس و الفؤوس و صناعة الحلي كالقلائد و الخواتم و الأساور و الأقراط و صناعة الأواني كالمباخر و الصواني و الصحون و الأباريق و الشمعدانات. كما أبدع الفنانون في صناعة الأدوات الفلكية كالإسطرلاب و سك العملات المعدنية من الذهب والفضة.

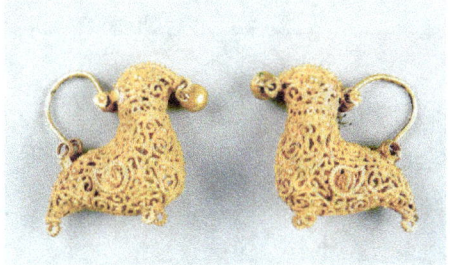

أقراط من العصر الفاطمي مزخرفة بالتخريم بأشكال الطيور

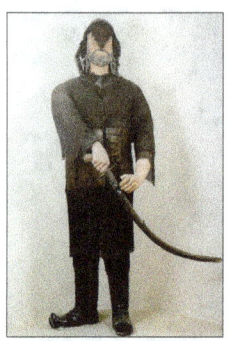

درع مملوكي حديدي من الزرد

تتميز الأنماط الزخرفية بالغنى و التنوع حيث يركز البعض منها على حياة البلاط و الترف من خلال مشاهد ترمز للمواكب الملكية و مشاهد الرقص و الغناء و مشاهد للقنص بينما تمثل أخرى الأبراج و الكواكب بالنظر لأهمية علم الفلك آنذاك. و تضاف إلى هذه الزخارف النقوش التي غالبا ما تؤرخ للتحفة من خلال تثبيت اسم الصانع أو الورشة.

رابعا: فن المنسوجات والسجَاد:

اهتمت الخلافة الإسلامية منذ العصر الأموي بالمنسوجات وخصوصا بعد توافر المواد الأولية لهذه الصناعة من خامات طبيعية نباتية و حيوانية. و يعد الكتان و القطن من أبرز المواد الخام التي اعتمدت عليها صناعة النسيج الإسلامي. و يضاف إليها خامات حيوانية كالصوف و الحرير، و أخرى معدنية كالذهب و الفضة.

و يدخل في صناعة النسيج الألبسة و الأردية و العمائم و المنادل و كافة المستلزمات الخاصة بالتأثيث، و التي تختلف من حيث الشكل و الصنعة و المواد الأولية المستعملة و الألوان.

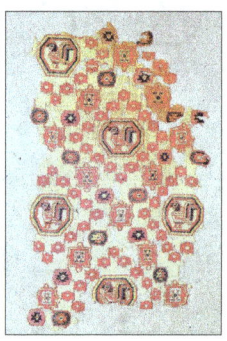

حرير منسوج موشى بالذهب و الفضة. القرن ٤-٥ه/ ١١-١٢م

حظيت هذه الصناعة باهتمام القيادة السياسية في العالم الإسلامي المتمثلة في الخليفة حيث كان يهدي رجال الدولة الخلع و الملابس الفاخرة و كان يرسل كسوة الكعبة السنوية التي يحتفل بها سنويا في المملكة العربية السعودية حتى الآن.

كانت مصانع النسيج تحت اشراف و رقابة الخلافة و أطلق عليها الطراز و هي كلمة فارسية بمعنى يطرز أو يوشى، و ظهر نوعين من هذه المصانع أو الطراز الأول يسمى "طراز الخاصة" و هي المصانع التي تقوم بإعداد كسوة الكعبة السنوية و ملابس الخليفة و رجال البلاط من الأمراء أو الوزراء. و يوجد على لباس الخليفة شريط مطرز من الحرير الملون، أو الذهب أو الفضة يحوي اسم الخليفة و أدعية له بالنصر و التمكين بالإضافة إلى مكان و تاريخ النسج. تعد هذه الكتابة المطرزة أو المطبوعة على هذا اللباس شارة من شارات الخلافة. و أما النوع الثاني من المصانع فهي "طراز العامة" و هي المصانع التي ينسج فيها لعامة الشعب وقد ينسج فيها لرجال البلاط إذا اقتضت الظروف ذلك.

وجدت هذه المصانع في كل أرجاء الدولة الإسلامية و قد حظيت بإشراف الخلافة و أطلق عليها دار الطراز. و سميت المنسوجات بالطراز و كانت ملحقة بقصور الخلافة و أوكلت لموظف يسمى بناظر الطراز أو صاحب الطراز. وتقوم هذه المؤسسة بإنتاج الأقمشة الملكية و كذا الأثواب الموجهة للتسويق و التي كانت تشكل مصدرا مهما يدر الأرباح على خزينة الدولة.

كانت المنسوجات تستعمل المواد النباتية و الحيوانية و المعدنية و تعددت أساليب الزخرفة كالتطريز و الطبع و الصباغة و التلوين و التذهيب. كما كانت صناعة الأثاث ترتكز أساسا على النسيج كالأغطية و السجاد و الوسائد و الستائر و الأفرشة. كما ارتبطت صناعة النسيج بالمحلات أو الحركات (بسكون الراء) السلطانية في المشرق والمغرب و التي كانت تضرب فيها الخيام الفخمة المصنوعة من الكتان الرفيع لدرجة أن بعض المؤرخين شبهها بالقصور و المدن القماشية التي كان السلاطين يجدون فيها متعة كبيرة أثناء رحلات الصيد أو خلال البعثات الاستقصائية التي كانوا يقومون بها للتواصل مع الرعية أو لردع الخصوم و إخماد الثورات.

أدى التوسع العمراني إلى ازدهار صناعة النسيج وسط الإقبال الكبير لبلاطات الملوك والأعيان و متطلبات الجيوش النظامية المتزايدة. و كانت الأقطاب الحضرية الكبرى في العالم الإسلامي مجالا خصبا لإنتاج الأنسجة و وجهة لأمهر الصانعين. و لا زالت المنسوجات الإسلامية تحتفظ بأسماء المدن التي اشتهرت بصناعتها كالموسلين Muslin نسبة إلى الموصل و الدمقس Damask نسبة إلى دمشق وكذلك جريناداين Grenadines نسبة إلى غرناطة.

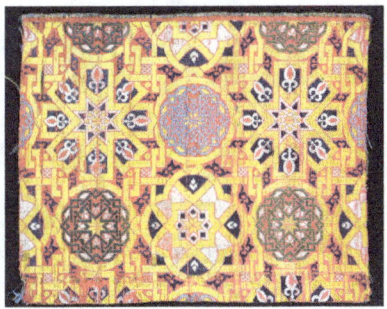

نسيج حريري برسوم هندسية، من الأندلس في القرن الثامن- التاسع/ الرابع عشر- الخامس عشر، بنو نصر

و أما السجاد فقد تعددت الأسماء التي أطلقت عليه كالبسط و الطنافس و النمارق و الزرابي و العبقري و الزولية و لكنها اجتمعت على النسيج الوبري الذي يبسط على الأرض أو الأرائك و الأسرَة.

و يعد فنَ السجاد من الفنون الإسلامية التي ازدهرت في القرن ٩ه/ القرن ١٥م و انتشرت في العديد من الأقاليم الإسلامية و خصوصا إيران التي وصلت مرحلة متقدمة في هذا الفن في العصر الصفوي تحت اشراف الحكومة المركزية. كما انتشرت هذه الصناعة في تركيا التي اشتهرت بسجاجيد الصلاة و أيضا في سوريا و مصر و شمال افريقيا و الأندلس و الهند.

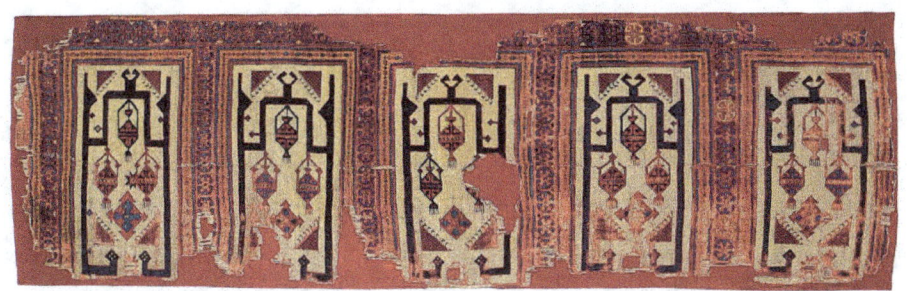

سجادة صلاة مزخرفة بصف من المحاريب القرن ٩هـ/ ١٥م أوائل العهد العثماني

تعتمد صناعة السجاد على الصوف الذي يستخدم بألوانه الطبيعية و أحيانا يصبغ بالألوان النباتية و العضوية و أكثرها استعمالا صوف الغنم ثم الجمال ثم الماعز. كما اعتمدت صناعة السجاد على الكتان الذي يأتي في المرحلة الثانية بعد الصوف ثم الحرير ثالثا.

و قد استخدمت في الصباغة المواد النباتية من الجذور و السيقان و الأوراق و الأزهار و الحيوانية كدودة القز و دودة القرمز و أخيرا الصباغة الكيميائية التي جاءت متأخرة في القرن التاسع عشر.

خامسا: فن الخط والكتاب:

يعد الخط العربي من السمات الرئيسية للفن الإسلامي الذي انتشر عبر كافة الأقطار التي بلغتها الفتوحات الإسلامية. ارتبط انتشار الإسلام بتعلم القرآن و علوم الدين و اللغة العربية و من ثم كان شيوع الخط العربي و ازدهر فن الخط و استنساخ أمهات كتب الفقه و العلوم و التاريخ و الأدب و الفلسفة. و أكثر ما تفنن النساخ في إنتاجه عبر العصور تحف نادرة من القرآن الكريم تلبية لطلبيات الملوك و الحكام و رعاة الفن و الدين.

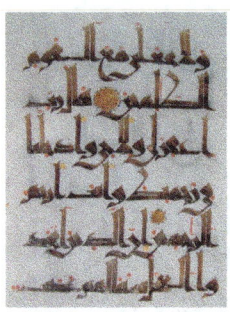

قرآن من الفترة الإدريسية في المغرب القرن ٣-٤ الهجري ٩-١٠ الميلادي

و تحتفظ المكتبات و الخزانات التراثية و المتاحف عبر العالم بمخطوطات نادرة بعضها نسخ بيد ملوك و شخصيات تاريخية بارزة كما هو الشأن بالنسبة للمصحف المنسوخ بيد السلطان المريني أبو الحسن (القرن الرابع عشر الميلادي) و الذي قام بإهدائه إلى بيت المقدس الشريف. الخط العربي هو إذن العلامة البارزة للفنون الإسلامية سواء تعلق الأمر بالمخطوطات أو بالفنون الزخرفية المعمارية.

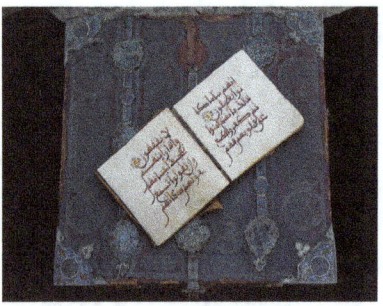

الربعة المغربية، مصحف مغربي مريني (٧٤٥ / ١٣٤٤)

مرت صنعة الكتاب عبر مراحل مختلفة ارتبطت بصناعة الورق حيث دونت الوثائق الأولى على رق الغزال قبل انتشار استعمال ورق البردي على نطاق واسع فاتحا المجال لتطور صناعة الكتاب الذي تيسر عبره انتشار العلم و المعرفة. و لعل أهم مراكز إشعاع الحضارة عبر صناعة الكتاب يبقى هو "بيت الحكمة" بالعاصمة العباسية بغداد (القرن الثامن الميلادي) علما بأن أقدم الوثائق الورقية تعود إلى أواخر القرن الثامن الميلادي و عثر عليها بمصر. انتشر استعمال الورق انطلاقا من الشرق حيث لم يسجل استعماله في الغرب الإسلامي إلا ابتداء من القرن العاشر في صقلية و القرن الثاني عشر في الأندلس . و تجدر الإشارة إلى أنه خلال المرحلة السابقة لاختراع الطباعة كانت عملية إنتاج الكتب بمختلف أحجامها و أشكالها تتطلب بذل جهد كبير من قبل أمهر المتخصصين في التجليد و الخطاطين و المنمنمين. و كانت جودة المخطوط أو الكتاب المخطوط مرتبطة بتوفير مجموعة من الشروط :

اكتشف الفن الاسلامي

- ورق من نوع جيد يسهل على الخطاط عملية الكتابة بواسطة الريشة أو القلم واستقبال الحبر او المداد المستعمل لهذا الغرض.
- تسطير الصفحات و تحديد الهوامش قبل البدء في عملية النسخ للحصول على سطور متساوية و متوازية بالإضافة إلى رسم المكان المخصص للتزويق أو المنمنمات.
- تحضير المداد من مواد نباتية و معدنية ليستعمل في كتابة المخطوط و يتشكل أساسا من الحبر الأسود الداكن أو الخفيف لكتابة النص الرئيسي و الحبر الملون لكتابة العناوين أو لإبراز بعض المفردات ككلمات الجلالة أو لرسم بعض الأشكال الهندسية أو النباتية. و حين يتعلق الأمر بمخطوطات ثمينة كان يتم استعمال ماء الذهب في الكتابة و التزويق.
- تحضير الأقلام من مختلف الأشكال و الأحجام المرتبطة بالطراز الخطي المراد استعماله. هذا الطراز كان يختلف من فترة تاريخية إلى أخرى و من منطقة جغرافية إلى أخرى. و أما المادة المستعملة في صنع قلم الخطاط فهي أساسا مادة القصب.
- عملية النمنمة و تأتي فور الانتهاء من كتابة صفحات المخطوط الذي يسلم إلى المنمنم ليتولى تزويقه حسب رغبة صاحب الطلبية وغالبا ما يشتغل على الصفحات الأولى للكتاب و مداخل الفصول.
- عملية التجليد (أو التسفير) و يتولاها الصانع المتخصص من خلال جمع الصفحات و تخييطها لتشكيل نسخة واحدة.

سادسا : فن الخشب :

يعد الخشب من بين المواد الأكثر استعمالا من قبل الإنسان في البناء و الزخرفة و صناعة أدوات الاستعمال اليومي و كذلك للطهي و التدفئة. و على عكس المواد الأخرى فهو مادة سهلة التقطيع و التشكيل. و كما هو الشأن لباقي المواد الأخرى ورث الصناع المسلمون التقنيات القديمة و طوروها حسب مقتضيات الديانة الإسلامية التي كانت تنتج في أغلب الأحيان تحفا فنية منقولة و غير منقولة تعتمد على التجريد و التبسيط احتراما لمبدأ عدم التجسيد. و خلال العصر الأموي الأول استلهم الصناع كثيرا من الفن البيزنطي و الساساني و القبطي.

يتم اختيار نوعية الخشب حسب أهمية التحفة المراد تصنيعها و من أهم و أكثر أنواع الخشب استعمالا نذكر خشب الأرز و السرو و الصنوبر و كلها أنواع تكثر ببلدان البحر الأبيض المتوسط. و بالإضافة إلى هذه الأنواع الرئيسية توظف أنواع أخرى تتسم إما بندرتها أو بغلائها و تستعمل غالبا في عملية التزويق و التطعيم كما هو الحال بالنسبة لخشب الأبنوس و خشب البقس و شجر العناب.

هناك أمثلة كثيرة عن الأعمال الفنية الخشبية الإسلامية سواء تعلق الأمر بالمنجزات العمرانية أو التحف الفنية المنقولة. ففيما يخص العمارة نذكر على سبيل المثال السقوف الخشبية المنقوشة أو المصبوغة و الشمسيات و السقيفات و الأبواب و الدرابيز و تلبيسات الجدران المنقوشة. كما أن هناك أمثلة كثيرة تنتمي لعصور و دول إسلامية مختلفة وعبر أنواع مختلفة من العمارة المدنية و الدينية على وجه الخصوص مثل المساجد و المدارس و الزوايا و المنازل و القصور. و أما فيما يخص المنقولات فالأمثلة أيضا عديدة و متنوعة و نخص بالذكر منها أحد العناصر الرئيسة في الحضارة الإسلامية والتي تؤثث فضاء المساجد و أماكن العبادة كالمنابر التي تفنن الصناع في إنجازها. هذا بالإضافة إلى أعمال أخرى مرتبطة بالحياة اليومية كما أن هناك أحيانا أمثلة فريدة لتحف غالبا ما تصنع بمواد أخرى كالأسطرلاب أو المحراب الذي نجد له نماذج من الخشب كالمحراب الفاطمي لضريح السيدة رقية (القرن ١٢م) المحفوظ في قصر النورمانديين ببلارمو.

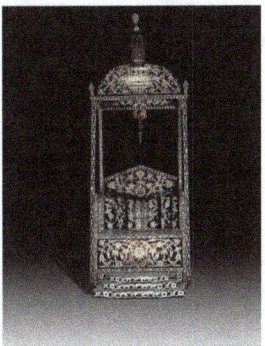

عرش السلطان أحمد الأول ١٠١١-١٠٢٦هـ / ١٦٠٣-١٦١٧م

سادسا : فن العاج:

تعد مادة العاج من أنبل المواد المستعملة في تاريخ الفن الإسلامي وهي مادة غالية و نادرة يتم الحصول عليها تحت الطلب. يروج استعمال المنتوجات العاجية في أوساط الملوك و النبلاء و تستعمل خالصة أو لتطعيم بعض القطع المصنوعة من مواد أخرى خاصة منها الخشب. كلمة عاج تدل على عدة مواد مختلفة : سن الفيل و سن حصان البحر و عظم الحوت و عظام الثدييات البرية الكبيرة كالبقر و الأحصنة و قرن الأيل. ومن بين كل هذه المواد يبقى سن الفيل هو الأثمن و الأفضل عبر العصور. الأمثلة عن المنقولات العاجية كثيرة و تعود لفترات مختلفة من التاريخ الإسلامي انطلاقا من العصرين الأموي و العباسي و مرورا بالعصر الفاطمي و الأيوبي و المملوكي و انتهاء بالعصر العثمانييضاف إلي ذلك نماذج تنتمي إلى الدول التي حكمت في الغرب الإسلامي أي في الأندلس و بلاد المغرب.

تتسم كل هذه الأعمال بالدقة و الإتقان و تختلف المواضيع من قطعة إلى أخرى تزينها عناصر مختلفة نباتية و حيوانية و مشاهد للقنص بالإضافة إلى عناصر هندسية و معمارية تحاكي الأنماط المعمارية السائدة. و يمكن مقارنة الرسوم الموجودة على الأعمال العاجية مع تلك التي تزين القطع الخشبية و الفخارية علما أن تقنيات الحفر و النقش على العاج تعكس مهارات فنية أكبر. جل هذه الأعمال هي عبارة عن أدوات للزينة و إكسسوارات مختلفة الأشكال و الأحجام مثل الصناديق و الأحزمة و مستلزمات الكتابة و الأسلحة.

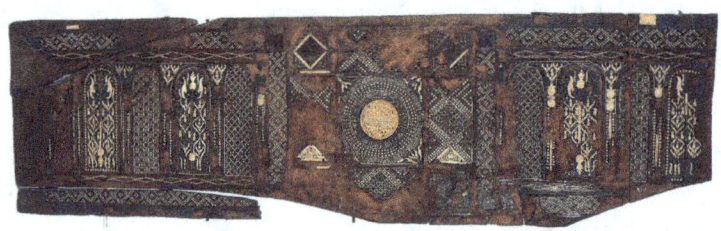

خشب مطعم بالعظم والعاج العصر الطولوني القرن ٣هـ /٩م

المراجع

- أحمد عبدالرازق أحمد. الفنون الإسلامية حتى نهاية العصر الفاطمي. دار الحريري للطباعة. القاهرة ٢٠٠٦م.
- إيمان أحمد عارف. دور الفن في تأريخ القطع الأثرية الإسلامية مجهولة الهوية. دراسة تطبيقية على بعض القطع الفنية المنقوشة. جامعة حلوان.
- حسن ابراهيم حسن. تاريخ الإسلام: السياسي والديني والثقافي والاجتماعي. دار الجيل. بيروت، مكتبة النهضة المصرية. القاهرة. ١٩٩١ م.
- حسن الباشا. مدخل إلى الآثار الإسلامية. دار النهضة، القاهرة. لاتاريخ.
- زكي محمد حسن. فنون الإسلام. دار الرائد العربي، بيروت. ١٩٨١م.
- سعاد ماهر محمد. كتاب الفنون الإسلامية، الهيئة المصرية العامة للكتاب، القاهرة، ١٩٨٦م.
- على أحمد الطايش، الفنون الزخرفية الإسلامية المبكرة في العصرين الأموي والعباسي. مكتبة زهراء الشرق. القاهرة، ٢٠٠٣م.
- لؤي داخل. فن الزخرفة الإسلامية. حلب،١٩٩٣م.
- محمود النبوي الشال، مها محمود النبوي الشال. الفنون التشكيلية في الحضارة الإسلامية القديمة. الهيئة المصرية العامة للكتاب. القاهرة. بدون تاريخ.
- موسوعة الحضارة الإسلامية. وزارة الأوقاف المصرية، المجلس الأعلى للشئون الإسلامية. القاهرة، ٢٠٠٥م.
- نايف سهيل. تاريخ الحضارة العربية الإسلامية. دار ابن كثير. القاهرة، الكويت، ٢٠١١م.
- موقع متحف بلا حدود www.museumwnf.org

الفترات الإسلامية والإمتداد الجغرافي

الدولة	التاريخ	الامتداد الجغرافي
١. الدولة الإسلامية في عهد النبي محمد صلعم	٦٢٢- ٦٣٢م ١-١١هـ	غالبية شبه الجزيرة العربية
٢. دولة الخلفاء الراشدين	٦٣٢-٦٦١م ١١-٤١هـ	شبه جزيرة العرب- بلاد فارس-الشام- مصر- المغرب العربي
٣. الدولة الأموية	٦٦١-٧٥٠م ٤١-١٣٢هـ	تشتمل في أقصى اتساعها من حدود الصين شرقا حتى المحيط الأطلسي غرباً
٤. الدولة العباسية	٧٥٠ - ١٢٥٨م ١٣٢-٦٥٦هـ	ورثت حدود الدولة الأموية وتشمل في أقصى اتساعها من حدود الصين شرقا إلى المحيط الأطلسي غربا

الدول المستقلة التي ظهرت في عصر الخلافة العباسية وتنقسم إلى دويلات تابعة للخلافة العباسية اسمياً كالدولة الأيوبية و دول أعلنت استقلالها عن الخلافة وأعلن حكامها أنهم خلفاء مثل الأمويين في الأندلس و الفاطميين في القاهرة.

الدول التي ظهرت في الشام و اليمن و شمال أفريقيا و أوروبا في العصر العباسي:

الدولة	التاريخ	الامتداد الجغرافي
أ. الدولة الأموية في الأندلس	٧٥٦- ١٠٣١م ١٣٨-٤٢٢هـ	شبة الجزيرة الأيبيرية "اسبانيا والبرتغال"
ب. الدولة الرستمية	٧٧٧-٩٠٩م ١٦٠-٢٩٦هـ	الجزائر
ج. دولة الأدارسة	٧٨٩-٩٢٦م ١٧٢-٣٧٥هـ	منطقة المغرب الأقصى- الصحراء الكبرى
د. دولة الأغالبة	٨٠٠-٩٠٩م ١٨٤-٢٩٦هـ	تونس -أجزاء من ليبيا والجزائر-جزيرة صقلية
ه. الدولة الطولونية	٨٦٨-٩٠٥م ٢٥٤-٢٩٢هـ	مصر - الشام - صقلية
و. دولة بنو الرَسَي	٨٩٣-١٣٠٠م ٢٨٠-٧٠٠هـ	اليمن
ز. الدولة الحمدانية	٩٠٥- ٣-١٠٠٤م ٢٩٣-٣٩٤هـ	الموصل - الشام
ح. الدولة الإخشيدية	٩٣٥-٩٦٩م ٣٢٣-٣٥٨هـ	مصر - الشام
ط. الدولة الفاطمية	٩٠٩-١١٧١م ٢٩٧-٥٦٧هـ	شمال أفريقيا -الشام -الحجاز
ي. الدولة الأيوبية	١١٧١-١٢٥٠م ٥٦٧-٦٣٨هـ	مصر - الشام -الحجاز -اليمن
ك. دولة المماليك	١٢٥٠-١٥١٧م ٦٤٨-٩٣٢هـ	مصر -الشام – الحجاز- اليمن
ل. دولة بني رسول	١٢٢٩-١٤٥٤م ٦٢٦-٨٥٨هـ	اليمن

م. الدولة المرابطية	١٠٥٦-١١٤٧م ٤٤٨-٥٤١هـ	المغرب – الأندلس
ن. الدولة الموحدية	١١٣٠-١٢٦٩م ٥٢٤- ٦٦٧هـ	غرب أفريقيا- أجزاء من الأندلس

الدول التي ظهرت في إيران و أفغانستان و تركيا و العراق في العصر العباسي:

الدولة	التاريخ	الامتداد الجغرافي
أ. الدولة الطاهرية	٨٢٠-٨٧٢م ٢٠٥-٢٥٩هـ	إيران – أفغانستان - أوزبكستان
ب. الدولة الصفارية	٨٦٧-٩٠٣م ٢٥٤-٢٩٠هـ	إيران -أفغانستان -باكستان
ج. الدولة الطبرية	٨٦٤-٩٢٨م ٢٥٠- ٣١٦هـ	طبرستان
د. الدولة السامانية	٤-٨٧٥-٩٩٩م ٢٦١-٣٨٩هـ	أوزبكستان - إيران -أفغانستان
ه. الدولة الغزنوية	٩٦٢-١١٨٦م ٣٥١-٥٨٢هـ	أفغانستان -إيران -باكستان -الهند
و. الدولة البويهية	٩٣٢-١٠٥٥م ٣٢٠-٤٤٧هـ	فارس – العراق
ز. دولة السلاجقة	١٠٣٨- ٦-١١٥٧م ٤٢٩-٥٥٢هـ	إيران -أفغاستان -العراق -الشام –الأناضول
ح. الدولة الأرتقية "أتابكية ديار بكر"	١٠٧٢- ٨-١٤٠٩م ٤٦٥- ١١-٨١٢هـ	العراق – الشام - تركيا
ط. سلاجقة الروم	١٠٧٧-١٣٠٠م ٤٧٠-٧٠٠هـ	الأناضول
ي. الدولة الخوارزمية	١١٧٧-١٢٣١م ٤٧٠-٦٢٨هـ	إيران – أفغانستان- أوزبكستان
ك. دولة بني زنكي "أتابكية الموصل"	١١٢٢-١٢٦٢م ٥١٦-٦٦٠هـ	العراق – الشام - مصر
ل. أتابكية أذربيجان	١١٣٦-١٢٢٥م ٥٣١-٦٢٢هـ	أذربيجان
م. الدولة الهزاراسبية	١١٤٧-١٣٣٩م ٥٤٢-٧٤٠هـ	كردستان
ن. الدولة السلغورية "أتابكية فارس" السلغريون/ السلغرية	١١٤٨-١٢٨٧م ٥٤٣-٦٨٦هـ	إيران
س. الدولة الغورية	١١٤٨-١٢١٥م ٥٤٣-٦١٢هـ	أفغانستان – باكستان - إيران
ع. الدولة القطلغية " أتابكية كرمان"	١٢٢٢-١٣٠٣م ٦١٩-٧٠٣هـ	إيران

اكتشف الفن الاسلامي

ف.	الدولة الجلائرية	٣٦-١٣٣٧-١٤٣٢م ٣٦-٧٣٨-٨٣٥هـ	إيران – تركيا – العراق
٥.	الدولة الجلائرية	٣٦-١٣٣٧-١٤٣٢م ٣٦-٧٣٨-٨٣٥هـ	إيران – تركيا – العراق
٦.	دولة القراقوينلو "دولة الخروف الأسود"	١٣٨٠-١٤٦٨ ٧٨٢-٨٧٣هـ	اذربيجان – تركيا- إيران - العراق
٧.	دولة الاق قوينلو "الخروف الأبيض	١٣٧٨-١٥١٢م ٧٨٠-٩١٨هـ	تركستان الغربية - أذربيجان - تركيا
٨.	الصفويون	١٥٠١-١٧٣٦م ٩٠٧-١١٤٩هـ	إيران -أفغانستان -العراق -أذربيجان
٩.	الدولة العثمانية	١٢٩٩-١٩٢٤م ٦٩٩-١٣٤٢هـ	شرق أوروبا-الشام–العراق- الحجاز-مصر- ليبيا

قائمة المراجع

حسن ابراهيم حسن. تاريخ الإسلام: السياسي والديني والثقافي والاجتماعي. دار الجيل، بيروت، مكتبة النهضة المصرية، القاهرة ١٩٩١م.

حسن كريم الجاف. موسوعة تاريخ إيران السياسي. الدار العربية للموسوعات/ بيروت، ٢٠٠٨م.

عماد الدين خليل. الإمارات الأرتقية في الجزيرة والشام. مؤسسة الرسالة، بيروت، ١٩٨٠م.

وحدات دراسية

متحف بلا حدود ماده تطبيقية للمحتوى الدراسي			
الصف	الأول الثانوي. مصر	التاريخ	مارس ٢٠١٢
الموضوع	الصحة و علاج الأمراض	الموضوعات المتداخلة	زخرفة و صناعة الآلات الطبية
اسم الدرس	أمراض		
الوحدة الدراسية المادة التعليمية	علوم /أحياء	مدة النشاط	درس
	مفهوم رئيسي	مفهوم مركب	
	الأمراض	البحث. التجربة	
الجملة – البيان المفاهيمي	حاجة الإنسان الماسة لعلاج الأمراض التي يعاني منها دفعته إلى البحث و إجراء التجارب للوصول إلى العلاج المناسب		
الفكرة الرئيسية للمفهوم	إن حاجة الإنسان منذ القدم إلى مقاومة الأمراض و الآلام جعلته يلاحظ و يتأمل و يجرب و يطور لكي يجد الأدوية المناسبة و علاج الأمراض من أجل المحافظة علي صحته و حياة أفضل.		
الربط بالمنهاج الوطني : المحافظة علي الصحة			
الصف الأول الثانوي . مصر الفتوحات و دوافعها			
الفترات التاريخية		التوزيع الجغرافي	
القرن ٣ -٥هـ / ٩-١١م، العصر العباسي/ أمويو الأندلس		مصر و اسبانيا و المغرب	

إن حاجة الإنسان منذ القدم إلى مقاومة الأمراض و الآلام جعلته يلاحظ و يتأمل و يجرب و يطور لكي يعيش متمتعا بالصحة. تعلم المسلمون الطب من ترجمة كتب الطب الإغريقية و قد تعلم الإغريق الطب بدورهم من الفراعنة أي من قدماء المصريين و تعلم الأوروبيون الطب في جامعة مونبلييه الفرنسية من ترجمة الكتب العربية في الأندلس إلى اللاتينية في القرون الوسطي.

إن ما نراه اليوم من التقدم العلمي في الطب و ما نراه من علاج لأمراض مستعصية و زراعة أعضاء يمثل جهود العلماء من دول و من قارات مختلفة و إضافاتهم علي مدي الاف السنين ليس فقط في الطب و إنما أيضا في الكيمياء التي تدخل في صناعة الدواء بجانب الثورة الصناعية و التكنولوجية التي قدمت لنا أدوية فعالة و آلات طبية متقدمة.

المادة المرجعية من المتحف الافتراضي

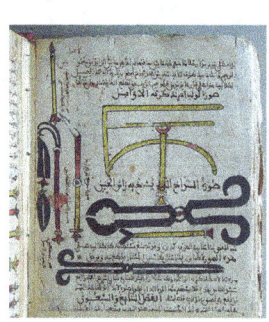

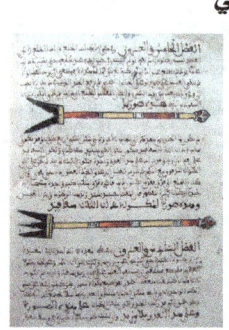

ورق و حبر بني اللون و رسم أحمر و أصفر

صفحتان من مخطوط لأحد الأجزاء الثلاثين المكونة للموسوعة المؤلفة من طرف أحد أكبر الجراحين في زمانه و المعروف في أوربا باسم "أبو القاسيس" و اسمه العربي أبو القاسم الزهراوي الذي عاش في قرطبة بالأندلس من عام ٣٢٠ إلى عام ٤٠١ هجري/٩٣٦ - ١٠١٦ ميلادي. زُخرف المخطوط بأدوات جراحية اكتشفها المؤلف بنفسه. وتظهر هذه الصفحة عملية الكي أي العلاج بوضع آلة طبية ساخنة جدا علي مكان بالجسم[٤٠] كان يحدده الطبيب في الماضي لعلاج مرض معين.

يعرض المتحف الافتراضي بعض الأدوات الجراحية التي استعملها الأطباء في القرون الوسطي:

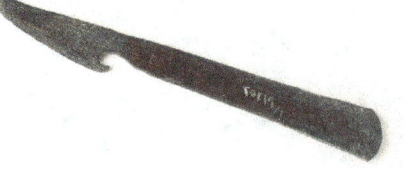

مشرط جراحي من نحاس مصبوب

القرن ٣ هـ / ٩م. العصر العباسي

متحف الفن الإسلامي. القاهرة. مصر

عثر على هذا المشرط في مدينة الفسطاط، ضمن مجموعة كبيرة من أدوات الجراحة. و هذا يدل على تنوُّع الأدوات التي استخدمها الأطباء العرب في ممارسة مهنة الطب والجراحة منذ القرون الوسطى.[٤١]

النشاطات التعليمية:

صح و خطأ. ضع علامة صح أو خطأ أمام الإجابة المناسبة:

- يلجأ الأطباء في عالم اليوم إلى العلاج بالكي
- يلجأ الأطباء في عالم اليوم إلى العلاج بالأدوية فقط

[40] www.discoverislamicart.org/database_item.php?id=object;ISL;ma;Mus01_F;16;ar
[41] www.discoverislamicart.org/database_item.php?id=object;ISL;eg;Mus01;47;ar

اكتشف الفن الاسلامي

- يلجأ الأطباء في عالم اليوم إلى العلاج بالأدوية و بالعمليات الجراحية
- يلجأ الأطباء في عالم اليوم إلى العلاج بالأدوية و بالعمليات الجراحية و بالأشعة.
- كان أبو القاسم الزهراوي طبيبا مشهورا فقط
- كان أبو القاسم الزهراوي طبيبا مشهورا و صانعا لآلات جراحية
- الحضارة العربية كانت مزدهرة في زمن أبو القاسم
- الحضارة الأوروبية كانت مزدهرة في زمن أبو القاسم
- أبو القاسم الزهراوي عاش في تونس
- أبو القاسم الزهراوي عاش في اليمن
- أبو القاسم الزهراوي عاش في إسبانيا

ضع كل دولة من الدول التالية أمام القارة التي تقع فيها :

اسم الدولة	اسم القارة
اليمن _____	أوروبا
إسبانيا _____	إفريقيا
تونس _____	آسيا

أبو القاسم أحد أكبر الجراحين في زمانه. هل يعني تقدم العرب في الطب عن الأوروبيين في زمن أبو القاسم؟

هل كانت أوروبا في القرن التاسع الميلادي تعيش حضارة مزدهرة أم كانت تعيش في ظلام في الوقت التي كانت فيه الحضارة الإسلامية مزدهرة؟

لقد زخرف أبو القاسم كتابه بالآلات الجراحية. كيف تفسر ذلك : طبيبا فقط أم طبيب و فنان مبدع يربط الفن بالعلوم الطبية؟

هل لاحظت تجانس الألوان في الكتابة و الزخرفة؟

هل الطبيب يستطيع اليوم أن يعالج مريضا بدون تعاون الكيميائي و الصيدلي و بدون الاعتماد على صناعة الآلات الطبية الحديثة؟

هل بدون الاعتماد على التراث الطبي عبر العصور يكون من السهل اليوم علاج الكثير من الأمراض بالأدوية أو بالعمليات الجراحية أو بالأشعة؟

ما معنى كلمة: موسوعة؟ ابحث في القاموس عن معناها.

اكتب خطابا لصديق تعرفه في هذا الخطاب بأبي القاسم الزهراوي و بريادة العرب في الطب و في صناعة الآلات الطبية مستعينا بموقع متحف بلا حدود.

الروابط للمعلومات الموجودة في المتحف:

www.discoverislamicart.org/database_item.php?id=object;ISL;ma;Mus01_F;16;ar

www.discoverislamicart.org/database_item.php?id=object;ISL;eg;Mus01;47;ar

متحف بلا حدود ماده تطبيقية للمحتوى الدراسي			
الصف	الصف الثاني الإعدادي. مصر	التاريخ	إبريل ٢٠١٢
الموضوع	التعمير الأندلسي	الموضوعات المتداخلة	فن رسم الحدائق و الخط العربي و الزخرفة
اسم الدرس	الخلافة الإسلامية زمن الأمويين و العباسيين. الصف الثاني الإعدادي.		
الوحدة الدراسية المادة التعليمية	الدراسات الاجتماعية: تاريخ و جغرافيا للصف الثاني الإعدادي.	مدة النشاط	درسين
	سوف اضيف خانه للمادة المتداخلة: اللغة العربية		
	مفهوم رئيسي	مفهوم مركب	
	بيئة	تعمير	
الجملة - البيان المفاهيمي	من خلال المحافظة على الارض يتم تعميرها		
الفكرة الرئيسية للمفهوم	تمكن الأمويون في الأندلس من تشييد المدن و القصور في بيئة زراعية و تنبهوا إلى أهمية تمازج العمارة و الفن و رسم الحدائق فأبدعوا تحفا فنية رائعة تسر و تبهج النفوس		
الربط بالمنهاج الوطني: تاريخ الإسلام. الصف الثاني الإعدادي . مصر			
الفترات التاريخية		التوزيع الجغرافي	
العصر الأسرة الحاكمة النصرية من ٦٣٦ - ٧٩٤ه / ١٢٣٨ -١٣٩١ م		إسبانيا	
المادة المرجعية من المتحف الافتراضي			

عرف العالم مدينة الحمراء منذ القرن الثالث عشر الميلادي واشتهرت المدينة باسم القلعة الحمراء بسبب اللون الأحمر لتراب أسوارها. يشير المتحف الافتراضي. اكتشف الفن الإسلامي إلى أن الحمراء تضم أربعة مراكز هي : المدينة و القصبة و ساحة القصور و البنايات الأخرى الموجودة خارج أسوار المدينة. تتميز مدينة الحمراء بمزج فن العمارة بفن رسم الحدائق. و يوجد بالمدينة أبراج دفاعية و أخرى سكنية و كان بالمدينة سبعة قصور. و قد بنيت قصور الحمراء خلال النصف الثاني من القرن الرابع عشر الميلادي/ الثامن الهجري. و تعرضت القصور لتغييرات لاحقة على مدار التاريخ و بقيت أربع قصور مهجورة منذ نهاية القرن الخامس عشر و حتى بداية القرن التاسع عشر و تم الحفاظ على قصرين :

١. قصر كوماريش كان المقر الرسمي للملك الذي كان يظهر في الصالة الذهبية و كانت صالة السفراء مبلطة بالزليج الأزرق والأبيض المزين بزخارف مذهبة و بلط الزليج كان يحمل شعار "لا غالب إلا الله" و سقف قاعة الاستقبال كان عبارة عن تشكيلات مبسطة للسماوات السبع في العالم الإسلامي . هذه السموات مستوحاة من القرآن سورة ٦٧ آية ٣ .

٢. قصر السباع و به أربعُ صالات للحفلات والولائم و الأمسيات الموسيقية و قبة القصر ذات المقرنصات تجسد الفن الغرناطي. و بعد أخذ غرناطة من المسلمين في عام ١٤٩٢ أعلن الملوك الكاثوليكيون الحمراءَ قصراً ملكيا.

الحمراء . غرناطة. اسبانيا . الأسرة الحاكمة النصرية، من ٦٣٦ ه / م١٢٣٨ حتى حكم محمد الخامس (٧٥٤- ٧٩٤ه/ ١٣٥٤ - ١٣٩١.[٤٢]

النشاطات التعليمية :

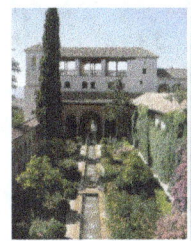

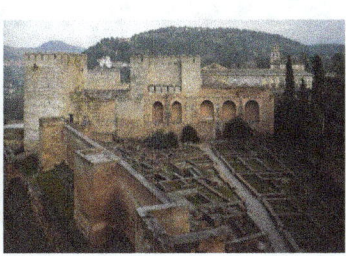

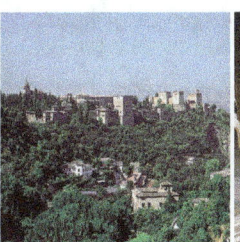

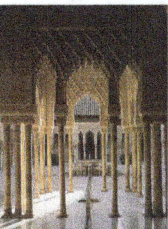

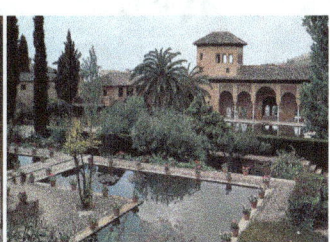

صح و خطأ . ضع علامة صح أمام الإجابة الصحيحة و علامة خطأ أمام الإجابة الخاطئة

- توجد الحمراء في أبو ظبي
- توجد الحمراء في اسبانيا
- توجد الحمراء في الجزائر
- توجد الحمراء في لبنان
- توجد الحمراء في فلسطين

اكتب اسماء القارات التي تقع فيها الدول السابقة

صف صالة السفراء بقصر كوماريش

هل لاحظت أثر القرآن و الخط العربي في زخرفة إحدى قاعات أحد قصور الحمراء؟

اذكر اسم هذا القصر و اسم السورة القرآنية

ما عدد صالات قصر السباع و وظيفة كل صالة ؟

في أي عصر بنيت الحمراء ؟

ما هي العناصر المعمارية الدفاعية في مدينة الحمراء؟

ماذا فعل الملوك الكاثوليكيون بقصر الحمراءَ بعد أخذ غرناطة من المسلمين ؟

في أي عام استولى الملوك الكاثوليكيون علي قصر الحمراءَ من المسلمين ؟

متي انتهي حكم المسلمين للأندلس؟

هل اتسم حكم المسلمين للأندلس بالتعمير أم بالتدمير ؟

تحدث عن معالم الحضارة الإسلامية الرائعة في الأندلس في العلوم

اكتب خطاب لصديق لك تخبره فيه عن معالم الحضارة الإسلامية في الأندلس في الطب و الفلك

اكتب موضوع حول الفلسفة و العمارة في الحضارة الإسلامية الأندلسية

اكتب فقرة عن الفنون في الأندلس.

ما هي منظومة النقوش التي تنفرد بها الهمبرا عن باقي قصور الأندلس؟

ما هو انطباعك عن الحمراء من حيث مزج العمارة بالفنون الزخرفية الدينية و النباتية و بفن رسم الحدائق؟

ماهي السمات الفنية و المعمارية التي جعلت من الهمبرا أو القلعة الحمراء التي تشمل القصور السبعة والمدينة تحفة فنية فريدة في العالم الإسلامي ؟

بعد زيارتك للحمراء من خلال المتحف الافتراضي. اكتشف الفن الإسلامي . اكتب خطابا لزميل لك تصف له الحمراء

ما هي العناصر الفنية المشتركة بين قصري كوماريش و السباع من جهة و قصير عمرة و قصر الحير الغربي من جهة أخري؟

استعن بموقع المتحف الافتراضي. اكتشف الفن الإسلامي.

الروابط للمعلومات الموجودة في المتحف

www.discoverislamicart.org/database_item.php?id=monument;ISL;es;Mon01;15;ar

متحف بلا حدود
ماده تطبيقية للمحتوى الدراسي

الصف	الصف الثاني الإعدادي. مصر	التاريخ	مايو ٢٠١٢ أنشطة جماعية مقترحة تحت عنوان : الحضارة الإسلامية و العلوم و الفنون الهدف : تأهيل التلاميذ و المدرسين علي العمل في فريق علي ضوء أهداف المنهج الدراسي و تكامل محتوي المواد الدراسية. انظر نهاية الدرس.
الموضوع	الحضارة الإسلامية و العلوم و الفنون	الموضوعات المتداخلة	التحاليل الكيميائية و المثلثات و الدوائر و الآلات الموسيقية
اسم الدرس	روائع الحضارة الإسلامية في العلوم و الآداب		
الوحدة الدراسية المادة التعليمية	الدراسات الاجتماعية: تاريخ و جغرافيا للصف الثاني الإعدادي.	مدة النشاط	درسين
	سوف اضيف خانه للمادة المتداخلة: الكيمياء و الرياضيات و الموسيقي و الدين و اللغة العربية		
مفهوم رئيسي		مفهوم مركب	
العلم		الحضارة	
الجملة - البيان المفاهيمي	تؤدي النهضة العلمية و الأدبية و تشجيع الدولة للعلماء إلى ازدهار الحضارات		
الفكرة الرئيسية للمفهوم	حينما تشجع الدولة العلماء في كافة المجالات . و تلعب المنافسة العلمية و الأدبية دورا هاما في ازدهار الحضارات. لقد أبهرت الحضارة العربية — الإسلامية العالم وكان وراء ازدهارها مساندة و تشجيع العلماء من قبل الخلفاء الأمويين و العباسيين و الفاطميين و الأيوبيين و المماليك. يضاف إلى ذلك أن الدين الإسلامي يحث المسلمين على طلب العلم و يدعو القرآن المسلمين إلى القراءة التي تعتبر مفتاح العلم و المعرفة بمعناهما العام . و لا عجب في ذلك فالقرآن معناه المعجمي : القراءة . و أول كلمة نزلت في القرآن طبقا لعلماء و مؤرخي المسلمين هي: «اقْرَأْ»[43] هذا الأمر موجه للنبي محمد و من خلاله إلى كل المسلمين. ساعدت هذه العوامل طلاب العلم علي ترجمة التراث الإغريقي و الفارسي إلى العربية و إلى التعلم و الإبداع بجانب حفظ تراث الحضارات الأخرى.		
الربط بالمنهاج الوطني تاريخ الإسلام . الصف الثاني الإعدادي الحضارة الإسلامية. الصف الثالث الثانوي . مصر			
مصر			
الفترات التاريخية		التوزيع الجغرافي	
العصر: • العباسي • الفاطمي		مصر سوريا	

الفاطميون. أدى مقتل علي بن أبي طالب رابع الخلفاء الراشدين و ابنه الحسين إلى ادعاء أتباعهم بالحق في الخلافة لانتسابهم إلى فاطمة بنت النبي محمد. دخل الفاطميون و أتباعهم في حروب مع الأمويين و العباسيين و تمكنوا من تأسيس دولة لهم في تونس بعد الإطاحة بحكم الأغالبة سنة ٢٩٧هـ/٩٠٩م ثم تمكنوا من السيطرة علي مصر في ٣٥٧هـ/٩٦٩م و نقلوا عاصمتهم للقاهرة التي نافست بغداد و قرطبة في العلوم و الفنون.

43 سورة العلق

المادة المرجعية من المتحف الافتراضي

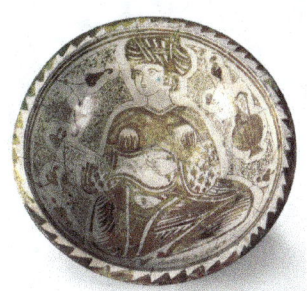

طبق كبير. القرن ١١ م – العصر الفاطمي – متحف الفن الإسلامي. القاهرة. مصر

القطعة عبارة عن طبق كبير من الخزف رُسمت زخارفه بالبريق المعدني فوق الطلاء الزجاجي. الطبق ذو حافة مسطحة تميل إلى الخارج يزخرفها إطار من مثلثات متعاقبة تشبه أسنان المنشار. وباطن الطبق عليه موضوع تصويري يمثل سيدة جالسة تعزف على آلة وترية تشبه القيثارة. وترتدي هذه السيدة ثوباً طويلاً واسع الكمّين مزيناً بأشرطة وأشكال صليبية وياقته على شكل ٧ . وتلبس السيدة عُقداً قصيراً على شكل ٧ أيضاً. وقد زخرفت طيات الثوب عند الرجلين بزخارف تميزت بها الملابس الفاطمية. ورُسم وجه السيدة في وضع جانبي، وهي ترتدي على رأسها عصابة تشبه العمامة يظهر من تحتها خصلتان من الشعر على جانبي الوجه وشعر قصير خلف الرقبة. ويزخرف الأرضية حول الرسم مسطحات غير منتظمة محددة بخطوط رفيعة مملوءة بدوائر ونقاط ورسومات فروع نباتية تخرج منها أوراق مخروطية الشكل. و يظهر على يسار السيدة رسم إبريق دقيق التصميم تحيط به أوراق نباتية محوّرة ويخرج من فوهته فرعان مزهران. ويزخرف إطار الطبق عند اتصاله بالحافة خطوط سميكة. الرسم على الطبق يُظهر سمات رسومات الأشخاص في العصر الفاطمي و تشمل الوجوه القمرية المستديرة و العيون اللوزية و العمائم على رؤوس الرجال و العصائب على رؤوس السيدات. و الزخارف الموجودة على الطبق مقتبسة من الزخارف النباتية وغير النباتية التي ظهرت على الخشب و العاج و المعادن في العصر الفاطمي. كانت الصناعة الخزفية و منتجاتها ذات البريق المعدني من أشهر ما امتازت به مصر الفاطمية إذ نمت هذه الصناعة وازدهرت في مدينة الفسطاط في مصر التي عثر في الحفريات التي جرت فيها على قطع خزفية كثيرة من هذا النوع[٤٤].

النشاطات التعليمية :

صح و خطأ . ضع علامة صح و خطأ أمام الإجابات المناسبة التالية

- الطبق عليه زخارف حيوانية
- الطبق عليه زخارف نباتية
- الطبق عليه زخارف آدمية
- مرسوم على الطبق آلة طبية
- مرسوم على الطبق آلة موسيقية
- مرسوم على الطبق آلة هندسية
- رُسمت زخارف الطبق بالبريق المعدني فوق الطلاء الزجاجي
- رُسمت زخارف الطبق بالبريق المعدني تحت الطلاء الزجاجي
- يوجد الطبق الآن في المغرب
- يوجد الطبق الآن في لبنان
- يوجد الطبق الآن في مصر
- يوجد الطبق الآن في كندا

هل استخدم الفنان علم الرياضيات في الزخرفة ؟

اذكر قطر الطبق

صنع الطبق في القرى الحادي عشر الميلادي. اذكر القرن الهجري الذي صنع فيه الطبق
ما هي عناصر الرياضيات التي توجد ضمن الزخارف؟
ما هي عناصر الرياضيات التي تكرر رسمها ضمن الزخارف؟
اذكر الرقم الذي استخدم في الزخرفة
من بين الزخارف يلاحظ تكرار رسم رمز لإحدى الديانات السماوية. اذكر هذا الرمز و اسم هذه الديانة
من بين الزخارف إحدى الأواني. اذكر اسمها
ما اسم تاجر الآثار الذي باع الطبق للمتحف ؟
ما هي سمات رسم الأشخاص في العصر الفاطمي؟
ما هي سمات الزخارف التي ظهرت على الخشب والعاج والمعادن في العصر الفاطمي؟
اكتب فقرة من عشرة أسطر حول ازدهار الفن في العصر الفاطمي أو في العصر العثماني مستعينا بموقع المتحف الافتراضي . اكتشف الفن الإسلامي و بهذا الدرس. قدم هذه الفقرة لتلاميذ الفصل و أجب علي أسئلتهم

الروابط للمعلومات الموجودة في المتحف

http://www.discoverislamicart.org/database_item.php?id=object;ISL;eg;Mus01;38;ar

العباسيون

تولي العباسيون السلطة وأسَّسوا عاصمة الخلافة في بغداد عقب سقوط دولة الخلافة الأموية في الشرق. اتسعت دولة الخلافة العباسية و استمر حكمهم بين عامي ١٣٢–٦٥٦ هـ/ ٧٥٠–١٢٥٨ م. و تولّى الأغالبة حكمَ تونس والطولونيون حكمَ مصر نيابة عن العباسيين . ازدهرت الحضارة الإسلامية في العصر العباسي لاهتمام الخلفاء بالعلوم و الرياضيات و الفلك و الطب و الفلسفة و شجعوا التعليم و ترجمة كتب التراث الإغريقي و الفارسي و الهندي كما نشطت الحركة التجارية معتمدة على الكثير من المنتجات و خاصة صناعة الزجاج والخزف والنسيج التي كانت تُصدَّر إلى أنحاء العالم. و في نهاية القرن الثالث الهجري فقد العباسيون مصر و تونس و شهد نهاية العصر العباسي تدمير بغداد علي

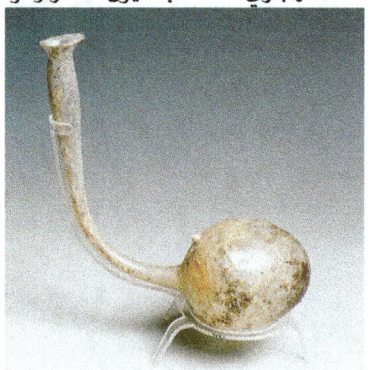

يد المغول في منتصف القرن السابع الهجري.

المادة المرجعية من المتحف الافتراضي

إناء كيميائي . القرن ٣- ٤هـ/ ٩ - ١٠ م – العصر العباسي – المتحف الوطني بدمشق. سوريا

إناء زجاجي كيميائي مصنوع بأسلوب النفخ جذعه بيضوي. يتصل بجذع الإناء أنبوب طويل رفيع معقوف باتجاه الأعلى. و الأنبوب ضيق عند اتصاله بالجذع يتسع تدريجياً باتجاه الشفة المنبسطة البارزة نحو الخارج. الإناء مصنوع من الزجاج الرقيق الأبيض الشفاف و هو خالٍ من الزخارف ليسمح بملاحظة عمليات التفاعل الكيميائي. شهد العصر العباسي خاصة نهضة علمية و حضارية كبيرة واكتشف المنقبون الكثير من الآثار الزجاجية ذات الاستعمالات النفعية التي يعود تاريخها إلى هذا العصر.

[45] http://www.discoverislamicart.org/database_item.php?id=object;ISL;sy;Mus01;15;ar

ازدهرت صناعة الزجاج على مدى العصور في عدة مراكز من البلاد الإسلامية مثل إيران و العراق و سورية و مصر. كانت منطقة الرقة مكاناً لصنع القطعة نظراً لاكتشاف قطع زجاجية مماثلة و مصنع للزجاج في الرقة. هذا بالإضافة إلى أن الرقة منطقة حضرية ضخمة ازدهرت في العصر العباسي[٤٥].

النشاطات التعليمية:

صح و خطأ . ضع علامة صح و خطأ أمام الإجابة المناسبة

- الأواني الكيميائية مفيدة للإنسانية
- الأواني الكيميائية مضرة للإنسانية
- الأواني الكيميائية عديمة الفائدة للإنسانية
- اهتمام المسلمين بالكيمياء منذ أكثر من ألف سنة يعد أحد ملامح الازدهار الحضاري
- اهتمام المسلمين بالكيمياء منذ أكثر من ألف سنة لا يعد أحد ملامح الازدهار الحضاري
- استمر حكم العباسيين ثلاثة قرون
- استمر حكم العباسيين أربعة قرون
- استمر حكم العباسيين خمسة قرون
- كانت عاصمة الخلافة العباسية دمشق
- كانت عاصمة الخلافة العباسية بغداد
- كانت عاصمة الخلافة العباسية القاهرة
- سقطت بغداد بعد هجوم المغول في سنة ٦٥٦ هـ/١٢٥٨ م
- سقطت بغداد بعد هجوم المغول في سنة ٦٥٧ هـ/١٢٥٩م
- سقطت بغداد بعد هجوم المغول في سنة ٦٥٥ هـ/١٢٥٧ م

لماذا ازدهرت الحضارة العربية الإسلامية في عهد العباسيين؟
ما هو الدليل على ازدهار الحضارة العربية الإسلامية في عهد العباسيين؟
اذكر ارتفاع الإناء الكيميائي
ما هو طول قطر بطن الإناء الكيميائي؟
ما هي استعمالات الإناء الكيميائي؟
لماذا صنع هذا الإناء الكيميائي من الزجاج الرقيق الأبيض الشفاف و بدون زخارف؟
الانفتاح علي الآخر و التعاون معه يؤدي إلى التقدم و الرخاء و الحروب تؤدي إلى التأخر و الدمار.

اشرح الجملة السابقة لزملائك في الفصل علي ضوء دراستك للعصر العباسي في متحف بلا حدود و على ضوء الحروب التي شهدها العالم في القرنين العشرين و الحادي و العشرين

ضع العنصر الموجود في المجموعة ا أمام ما يناسبه في المجموعة ب
المجموعة ا
الإناء الكيميائي يستخدم
يستعمل عازف الموسيقي
الخط العربي
المجموعة ب
آلة القيثارة
يعد عنصر زخرفي إسلامي
في المعامل للتحليل

الروابط للمعلومات الموجودة في المتحف

http://www.discoverislamicart.org/database_item.php?id=object;ISL;eg;Mus01;38;ar

http://www.discoverislamicart.org/database_item.php?id=object;ISL;sy;Mus01;15;ar

أنشطة جماعية مقترحة لمشروع تحت عنوان مثل :
الحضارة الإسلامية و العلوم و الفنون

أو يختار المدرسون عناوين أخرى تتناسب مع محتوى المشروع.

الهدف : تأهيل التلاميذ و المدرسين على العمل في فريق على ضوء أهداف المنهج الدراسي و تكامل محتوى المواد الدراسية.

يمكن لمدرسي بعض المواد مثل اللغة العربية و الدين و العلوم و الرياضيات و التاريخ أن يكلف كل منهم مجموعات من التلاميذ بحيث تشمل كل مجموعة ثلاثة تلاميذ بدراسة بعض المواضيع مثل كتابة موضوع حول أشكال الرياضيات في الزخرفة و مجموعات تتناول اهتمام العباسيين أو الفاطميين أو العثمانيين بالعلوم و بالعلماء أو اهتمام الدين الإسلامي بالعلم و بالعلماء أو وصف بعض أدوات و أواني المعمل و أهميتها أو شرح الآيات القرآنية الأولى : » اقرأ« و علاقة القراءة بالثقافة و بالعلم و تقديم الموضوعات لتلاميذ الفصل ثم يقوم باقي التلاميذ بالتصويت لاختيار المجموعة الفائزة.

يمكن لمدرس مادة التاريخ أو مادة الدين أو اللغة العربية أو الرياضيات أو الكيمياء أن يقوم بدراسة الموضوعات التي تخص مادته مع مجموعات من تلاميذه و يختار المدرس إنجاز المجموعة الفائزة و تعليقها علي مجلة الحائط بالمدرسة أو نشرها علي موقع المدرسة بشبكة المعلومات مع إنجازات المجموعات الفائزة في المواد الأخرى في فصول دراسية أخرى و ذلك بعد التنسيق بين المدرسين و موافقة إدارة المدرسة.

متحف بلا حدود
ماده تطبيقية للمحتوى الدراسي

الصف	التاسع	التاريخ	
الموضوع	الزخرفة الإسلامية	الموضوعات المتداخله	تاريخ الفن الإسلامي ، أنماط الزخرفة الإسلامية الرياضيات : الأشكال الهندسية
الوحده الدراسية المادة التعليمية	الفن والعمارة الإسلامية	مدة النشاط	
توضيح تداخل الموضوعات	الفن الإسلامي ،أنماط الزخرفة الإسلامية ،تاريخ (الصف التاسع) تتناول انماط الزخرفة الإسلامية الرياضيات (الأشكال الهندسية(الصف السابع تصميم لوحة زخرفية بأشكال هندسية		

مفهوم رئيسي	مفهوم مركب
الانفتاح العلمي	التطور – الابتكار

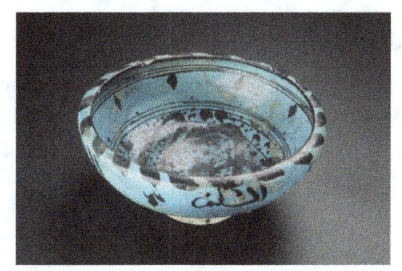

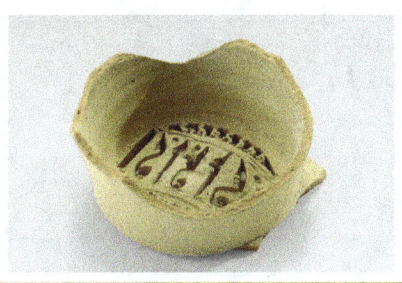

الجملة - البيان المفاهمي	نتيجة الانفتاح العلمي أدى إلى تطور في مجالات الزخرفة نتج عنه تزيين على الأواني وأهم عناصر الزخرفة الإسلامية الأشكال الهندسية
الفكرة الرئيسية للمفهوم	ظهرت الأواني الزجاجية الملونة وغير الملونة و اتخذت أشكالا هندسية و صورا نباتية و تمثلت بالكؤوس و الصحون و الاباريق

الربط بالمنهاج الوطني

١. الصف التاسع: تاريخ الحضارات الإسلامية استعمل الفناون المسلمون الزخرفة الإسلامية والتزيين على الأدوات معتمدين على عناصر هندسية

٢. الرياضيات: الصف السابع: الأشكال الهندسية

تكلف الطالبات بتصميم لوحة زخرفية بعناصر هندسية

الماده المرجعيه من المتحف الافتراضي

الروابط مع الموجودات في المتحف

يتم إبراز الشكل المفتوح للأكواب والصحون بأشكال زخرفية تأخذ شكل أشعة، مثل الأوراق البسيطة التي تُزيِّن أطراف هذه الآنية، والتي تُوحي بأوراق وردة تتفتَّح. أما على الأباريق، فكان يتم استخدام شرائط زخرفية تبرز أقسامها المختلفة

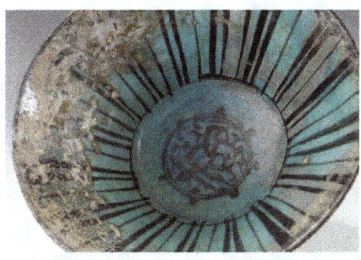

متحف بلا حدود
ماده تطبيقية للمحتوى الدراسي

الصف	التاسع		التاريخ		
الموضوع	خصائص الفن الإسلامي		الموضوعات المتداخلة	خصائص الفن الإسلامي + العصور الإسلامية	
الوحدة الدراسية المادة التعليمية	الفنون الإسلامية		مدة النشاط		
توضيح تداخل الموضوعات	مادة التربية الفنية + تاريخ الحضارة العربية الإسلامية				

مفهوم رئيسي	مفهوم مركب
الترف	الزهد

الجملة - البيان المفاهمي	أدت صفة الزهد في الحياة الدنيا إلى ظهور نوع من الخزف لم يعرف إلا في الفن الإسلامي في ذلك الوقت، ويتيح الحصول على أوانٍ خزفية تصلحُ بديلا لأواني الذهب والفضة
الفكرة الرئيسية للمفهوم	ازدهار الحضارة الإسلامية والثراء الذي وصل إليه الخلفاء في العصر الأول، دفع المسلمين للاستمتاع بهذا الثراء في الوقت الذي كان وازع الإيمان والدين قويين في نفوسهم يدعوهم للتقشف. وهكذا كان على الفنان المسلم أن يحقق هذه المواءمة باستخدام الخزف المزجج ذي البريق المعدني الذي يضاهي الذهب والفضة جمالاً (وهو نوع من الخزف لم يعرف إلا في الفن الإسلامي في ذلك الوقت، ويتيح الحصول على أوانٍ خزفية تصلحُ بديلا لأواني الذهب والفضة) و هذا النوع يعتبر من أرقى أنواع الخزف في العالم حيث استخدم في تزيين المساجد والعمارة والأواني.

الربط بالمنهاج الوطني

وزارة التربية والتعليم، كتاب التربية الفنية للصف التاسع، الأردن، الطبعة الأولى، ١٩٩٧.

وزارة التربية والتعليم، كتاب تاريخ الحضارة العربية الإسلامية للصف التاسع، الأردن.

المادة المرجعية من المتحف الافتراضي

الروابط مع الموجودات في المتحف

فنون الزخرفة والزينة

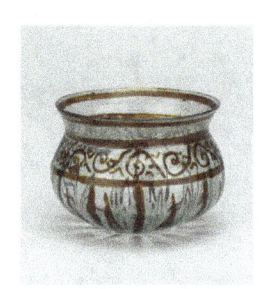

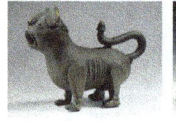

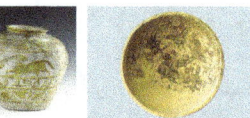

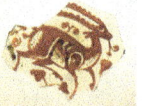

«إضافة البريق المعدني لزخرفة الأواني تقنية إسلامية من حيث الجوهر»

إضافة البريق المعدني لزخرفة الأواني تقنية إسلامية من حيث الجوهر، ظهرت على الأعمال الزجاجية قبل شيوع تطبيقها على الأواني الخزفية. وفي مصر، كان فن البريق المعدني المطبق على الزجاج ابتكاراً معروفاً على الأقل منذ القرن الثاني الهجري/الثامن الميلادي.

وبالفعل سرعان ما بلغت أواني الخزف المعالجة بالبريق المعدني بفضل رعاية الفاطميين للخزّافين المهاجرين، أوج إنتاج الخزف في مصر. و شمل الإنتاج أنماطاً أخرى من الخزف المصقول. تشمل مشاغل بعض كبار الخزافين المهرة المعروفة مدرسة مسلم ومدرسة سعد.

وقد كرست صناعة مزدهرة أخرى للمعادن وتخصّص الحرفيون في مجالات إنتاج حيوانات وطيور ثلاثية الأبعاد وأواني معدنية مصبوبة ومطروقة، ومعدات علمية مثل الإسطرلابات و أدوات الجراحة.

«بادر الخليفة المستعين بالله إلى إرسال ١٣٩ لوحاً مربعاً من الخزف المصقول لتجديد المحراب»

خلال الفترة العباسية المبكرة، انخرط الحاكم والبلاط الملكي المولعان بحياة البذخ والترف انخراطاً مباشراً في رعاية ابتكارات جديدة على صعيد صناعة الخزفيات، ولاسيما تطوير الخزف المصقول وتصنيعه. وعندما أدّى أحد الزلازل إلى هدم جامع القيروان الكبير في عام ٢٤٧ هـ/٨٦٢ م، بادر الخليفة المستعين بالله إلى إرسال ١٣٩ لوحاً مربعاً من الخزف المصقول لتجديد المحراب مع خزّاف من بغداد ليقوم بصناعة المزيد من الألواح. كما تبرع بمبلغ من المال وبألواح رخامية وبخشب الساج لبناء منبر جديد. وفي عام ٣٣٨ هـ/٩٥٠ م، زار الجغرافي العربي "ابن حوقل" تونس وامتدح جمال الخزفيات المصقولة المصنوعة محلياً، مساوياً إياها بنظيرتها المصنعة في العراق.

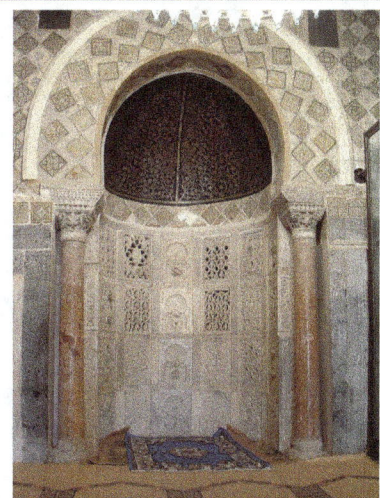

التوزيع الجغرافي	الفترات التاريخية
جمهورية مصر العربية القيروان، المدينة، تونس	القرن الخامس السادس/ الحادي عشر الثاني عشر - - العهد الفاطمي جامع القيروان الكبير ٧٧٠ هجري/ ٧٣٧ ميلادي الفترتان الأموية والعباسية
	ملاحظات

متحف بلا حدود
ماده تطبيقية للمحتوى الدراسي

الصف	التاسع	التاريخ	
الموضوع	مجالات الفنّ الإسلامي	الموضوعات المتداخلة	فنون الكتابة + الحرف
الوحدة الدراسية المادة التعليمية	الفنون الإسلامية	مدة النشاط	
توضيح تداخل الموضوعات	مادة التربية الفنية + التربية المهنية		

مفهوم رئيسي	مفهوم مركب
الاحتراف	الابداع والابتكار

الجملة - البيان المفاهمي	الأعمال الحرفية التي تنتج أعمالاً تتصف بالجمال وتحتاج إلى الحس الفني لإنتاجها. وهو الفن الذي يجمع بين الأداء الوظيفي (النفعي) والأداء الجمالي له.
الفكرة الرئيسية للمفهوم	مفهوم الفنون التطبيقية يجمع بين الصنعة والعلم والإبتكار معاً. وينطبق هذا على الفنون التطبيقية جميعها من صناعة المنسوجات والمعادن إلى الزجاج والأخشاب والأواني وهي تختلف عن الفنون الجميلة التي عادة ما تصنع لعرضها على النطاق الثقافي والأكاديمي ولكنها لا تستخدم بطريقة عملية في الحياة. والحرفي هو الفنّان كونه يبتكر ويبدع أعمالا يمكن استخدامها في الحياة العملية وكان يكرم ويقرب من السلاطين والخلافاء كونه معني بتزيين المصحف الشريف والمباني والمساجد.

الربط بالمنهاج الوطني

وزارة التربية والتعليم، كتاب التربية الفنية للصف التاسع، الأردن، الطبعة الأولى، ١٩٩٧.

وزارة التربية والتعليم، كتاب التربية المهنية للصف التاسع، الأردن.

المادة المرجعية من المتحف الافتراضي

الروابط مع الموجودات في المتحف

الخزفيات العباسية

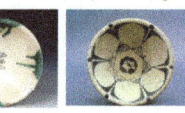

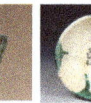

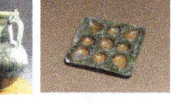

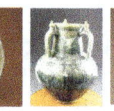

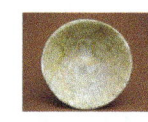

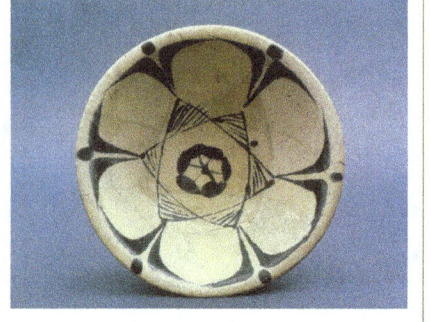

«باتت سلسلة كاملة من الخزفيات تلبي حاجات الأذواق المحلية وتشبع الرغبة في الأسلوب الصيني»

إلى حدود العصر العباسي لم يظهر أي نمط أو أسلوب مميز لآنية الخزف يمكن وصفه فنياً على أنه نمط أو أسلوب «إسلامي». فالفرق الواضح الأول عن تصاميم ما قبل الإسلام يصبح جلياً بدءاً من أواسط القرن الثالث الهجري/التاسع الميلادي، في مسار تصميم آنية تقليداً للخزفيات الصينية. وقد تمخضت عن مناهج جديدة في التصنيع وتقنيات مبتكرة في الزخرفة والصقل متضافرة مع طيف جديد من الأشكال والرسوم التزيينية التي لم تكن الأسواق قد شهدتها من قبل سلسلة كاملة من الخزفيات التي لبت حاجات الأذواق المحلية كما أشبعت الرغبة في الأسلوب الصيني . وتشتمل الرسوم المُستخدمة خلال هذه الفترة على سعف النخيل و أوراق النباتات المنمَّطة والنقوش المخطوطة.

الخزفيات العباسية

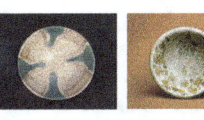

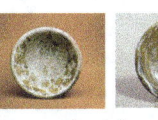

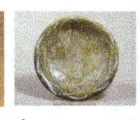

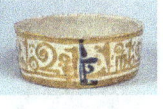

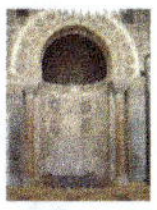

«بادر الخليفة المستعين بالله إلى إرسال ١٣٩ لوحاً مربعاً من الخزف المصقول لتجديد المحراب»
خلال الفترة العباسية المبكرة انخرط الحاكم والبلاط الملكي المولعان بحياة البذخ والترف انخراطاً مباشراً في رعاية ابتكارات جديدة على صعيد صناعة الخزفيات ولاسيما تطوير الخزف المصقول وتصنيعه. وعندما أدّى أحد الزلازل إلى هدم جامع القيروان الكبير في عام ٢٤٧ هـ/٨٦٢ م، بادر الخليفة المستعين بالله إلى إرسال ١٣٩ لوحاً مربعاً من الخزف المصقول لتجديد المحراب مع خزّاف من بغداد ليقوم بصناعة المزيد من الألواح. كما تبرع بمبلغ من المال وبألواح رخامية وبخشب الساج لبناء منبر جديد. وفي عام ٣٣٨ هـ/٩٥٠ م زار الجغرافي العربي "ابن حوقل" تونس وامتدح جمال الخزفيات المصقولة المصنوعة محلياً مساوياً إياها بنظيرتها المصنعة في العراق.

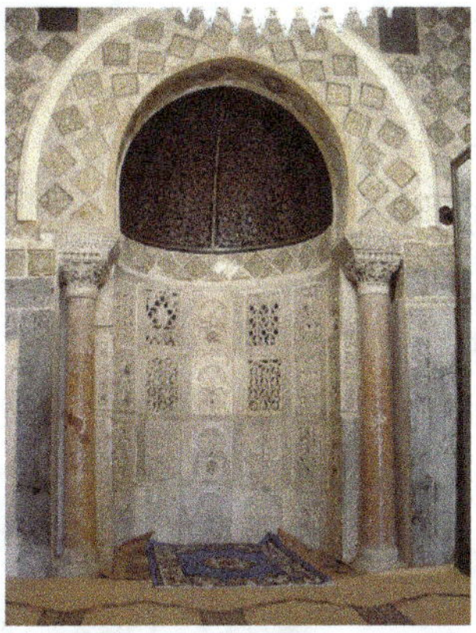

«لم يتردد الحرفيون في استلهام جملة التأثيرات الكثيرة المتاحة لهم من المصادر الشرقية والغربية على حدٍّ سواء»
ولعل الأبرز كان تطور إنتاج نسخ القرآن إذ نجح التعاون فيما بين الخطاطين ونقاشي النمنمة ومجلّدي الكتب في إيجاد مخطوطات فائقة الروعة والبهاء جديرة بالتطلعات الدينية للسلطنة المملوكية. فكانت تصنع أشياء معدنية مبهرة، مرصعة في أغلب الأحيان بكثيرٍ من الإتقان للأسواق الداخلية وللتصدير مع تصنيع بعض الحاجات بتكليف أفراد من زبائن أجانب.

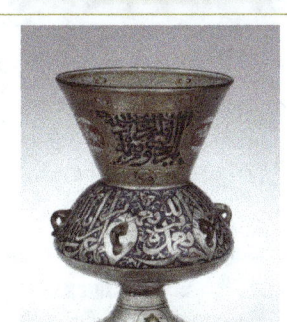

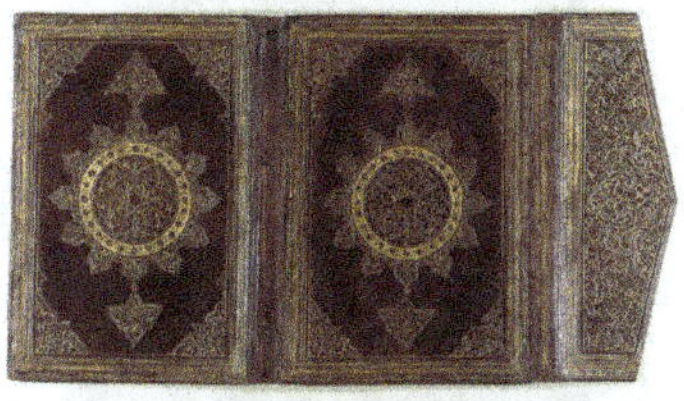

«ذاع صيت مصر المملوكية على صعيد إنتاج وتصدير أنواع من الأقمشة مثل الحرير المنسوج والأقمشة القطنية»
أضحت الأواني الزجاجية أحد أشهر إنجازات الفن المملوكي مع تشكيل مصباح المسجد مظهراً بارزاً من مظاهر إنتاج الأواني الزجاجية. كما ذاع صيت مصر المملوكية على صعيد إنتاج وتصدير أنواع من الأقمشة مثل الحرير المنسوج والأقمشة القطنية المطبوعة. ودأبت ورشات خزف على ابتكار طيف مفعم بالحياة وجذاب من الأواني الخزفية ذات الجودة العالية، صُمم بعضها لتقليد السيلادون الصيني والأواني ذات اللون الأزرق والأبيض، إضافةً إلى أن حرفيي حفر الخشب نجحوا في تطويWر القوالب المعمارية وقطع الأثاث وحتى التوابيت عبر إغنائها بتصاميم نجوم هندسية مرصعة محفورة بإتقان.

فنون الزخرفة والزينة

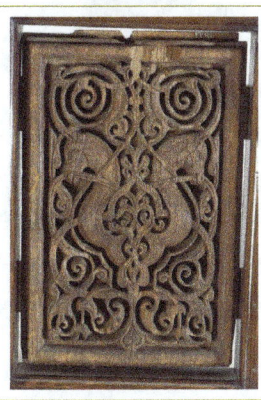

«كانت الثروة المادية للحقبة الفاطمية متجلية أيضاً في سك النقد»
يتميز فن حفر الخشب الفاطمي بتقنية حفر نافر بالغة الإتقان وبحيوية مشاهده التصويرية المتكررة المنفذة على أنواع مختلفة من الأخشاب المحلية والمستوردة. أحياناً كانت الألواح المنجزة تُدهن وتُطلى وتُصقل وتعالج لجعلها مقاومة للنار. وبالمناسبة، فإن الأبواب الخشبية كانت أيضاً مغطاة برقائق نحاسية مزخرفة. كما كان يجري حفر العاج وغيره من أنماط العظام واستخدامها لتطعيم منتجات مختلفة.
كانت الثروة المادية للحقبة الفاطمية متجلية أيضاً في سك النقد. فالدنانير الذهبية والدراهم الفضية والفلوس النحاسية الفاطمية كانت أيضاً متداولة على نطاق واسع. و أما دقّة أوزان هذه القطع النقدية فكانت تُقاس بأوزان زجاجية مغشاة بالتسمية المعنية مع اسم الحاكم

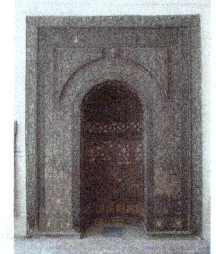

«لعل التعبير الأبلغ عن الفن الإسلامي الديني هو فن عمارة المساجد»
إن دور دمشق بوصفها نقطة انطلاق إلى الحج سنوياً يعزز من الطابع الديني للمدينة. ففي الفترة الأيوبية كانت ضاحية باسم "الميدان" قد نمت على جانبي طريق الحج وما لبث أن أصبحت بؤرة مهمة لإنتاج الفن الديني. ولعل التعبير الأبلغ عن الفن الإسلامي الديني خلال الحقبتين الأتابكية والأيوبية هو فن عمارة المساجد ونُسخ القرآن المزخرفة. وبذلك يبقى فن البناء الحجري والحفر على الخشب المتجليان في المآذن والمحاريب والمقصورات والمنابر خير دليلٍ على هذا التفوق

لكتاتيب (المدارس) والتعليم

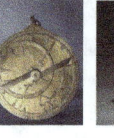

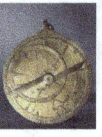

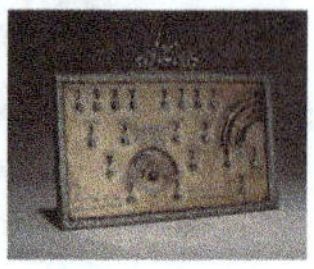

« تشهد الزخارف المعدنية المعقدة على الأدوات العلمية على تطور مجموع الاختصاصات العلمية»
درجت العادة على تدريس العلوم جنباً إلى جنب مع البحوث الدينية واللغوية. وتشهد الزخارف المعدنية المعقدة على الأدوات العلمية على تطور مجموع الاختصاصات العلمية. فالإسطرلابات والكواكب الشمسية كانت بالغة الأهمية لقراءة المجرَّات بدقة. وقامت ممارسة ضرب الرمل على استخدام أدوات مصممة خصيصاً للتكهن بالمستقبل. كان المهندس الميكانيكي اللامع "أبو العز إسماعيل الجزيري" متمتعاً برعاية بلاط الأراتقة في ديار بكر عام ٦٠٣ هـ/١٢٠٦ م حين ألف كتاباً موضحاً بالصور عن الهندسة المائية والميكانيكية.

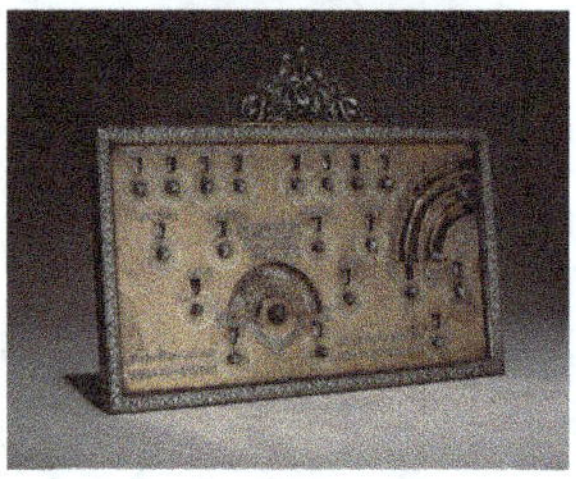

القصر والفنون

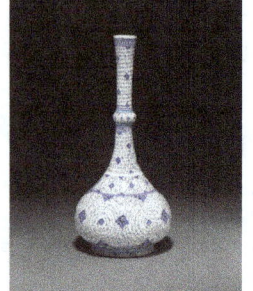

«جرى كذلك استخدام التصاميم بطرق مختلفة عبر سائر الفنون من الكتب إلى النحت على الحجر»
كان الكثير من الفنانين داخل مشاغل القصر يعرفون بالنقّاشين أو المُصمِّمين. وكانت التصاميم تُوظَّف بأساليب مختلفة عبر سائر الفنون المتدرِّجة من الكتب والخطوط والسجاجيد وألواح الخزف وأواني الصيني والحفر في الخشب والنحت على الحجر. وتحقق بالتالي التماثل في التصاميم والموضوعات في جملة مختلفة من المواد مثل المعادن والخشب والحجر.
كما جرى توظيف التصاميم خارج القصر كما هو الشأن في مشاغل أزنيق وفي مشاغل أوشاق لحياكة السجاد. ومن ثم فإن السلع كانت تُباع داخل السلطنة أو يتم تصديرها.

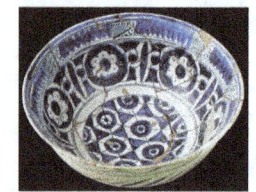

كانت تستخدم، إضافة إلى الأطباق الخزفية المنتجة في أزنيق، أطباق نحاسية مذهبة. ومن المؤكد أن الأواني الخزفية الصينية المستوردة كانت مرشحة للاستعمال على المائدة غير أن التغيير الذي أحدثه اعتماد نمط الحياة الغربي في القرن التاسع عشر الميلادي وضع حداً لثقافة المائدة التقليدية في قصر توب قابي، عبر استحداث الطاولات والكراسي وأواني الخزف الأوربية وأدوات المائدة الفضية من ملاعق وشُوَك وسكاكين.

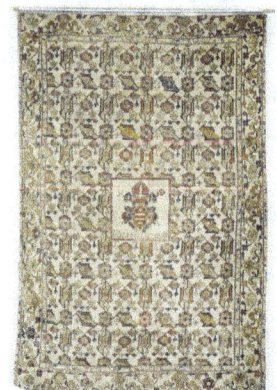

«لعل أبرز سلع الحياكة المصدرة من قبل العثمانيين هي السجاجيد»
كان النسيج يشكل جزءاً حيوياً من الاقتصاد العثماني ولاسيما أن أقساماً رئيسية من طريق الحرير القديمة كانت تمرُّ عبر الأراضي العثمانية. تضاعفت أهمية سائر أنواع المنسوجات مع بدء الناس في أوربا وغيرها من الأمكنة بتقدير قيمتها. ولعل أبرز سلع الحياكة المُصدَّرة من قبل العثمانيين هي السجاجيد التي جعلتها تصاميمها الجميلة ونوعياتها المميزة ذات شعبية كبيرة لدى الطبقات الغنية في أوربا. وقام فنانون، مثل هانس هولباين ولورنزو لوتو برسم أفراد أغنياء أو نبلاء (بمن فيهم ملك إنجلترا هنري الثامن) محاطين برموز الرفاهية والرخاء والترف بما فيها سجاجيد ذوات تصاميم عثمانية مميزة. وتعرف مثل تلك السجاجيد الآن باسم سجاجيد "هولباين" و"ل

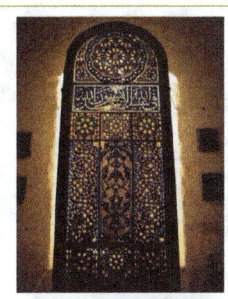

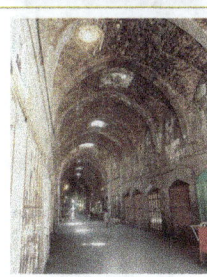

«كانت حمّالات نسخ القرآن الخشبية والمحاريب مواضيع يتجلّى فيها الإسلام ومكان العبادة على المستوى الفني» فيما كان نور الشمس يخترق النوافذ الزجاجية الملوَّنة حيث كانت عشرات الأزهار ذوات الألوان الزاهية المزينة لداخل المسجد. كانت ثمة مصابيح زيت زجاجية متدلية مزينة بالرموز السلطانية والآيات القرآنية مضافة إلى التأثير. وكانت بسط الصلاة وسجاجيدها ذوات التصاميم المرسومة في مشاغل القصر لافتة للنظر من حيث تشابه نقوشها مع النقوش الموجودة على الألواح القرميدية المستخدمة لتزيين الجدران. كما كانت حمّالات نسخ القرآنالخشبية والمحاريب محطات مواضيع يتجلّى فيها الإسلام ومكان العبادة على المستوى الفني.	
«بلغت فنون الزخرفة والنمنمة بفضل دعمها برعاية المماليك ذرىً جديدة من الحرفية والتصميم المتقن» اشتهرت مدن القاهرة ودمشق والقدس المملوكية بالعديد من الأسواق متعددة الأغراض أو المراكز التجارية (أسواق القوافل التجارية المعروفة بأسماء مختلفة مثل الأسواق والخانات والوكالات). تَمَثَّل الهدف باستقبال القوافل التجارية وتخزين السلع الغريبة العائدة للتجار القادمين إليها من كل حدبٍ وصوب. وقد شكَّل التنوع الدولي للمنتجات المتوفرة في الوكالات من الأواني الخزفية والأقمشة بين جملة البضائع مصدر إلهام للحرفيين المحليين. وبذلك بلغت فنون الزخرفة والنمنمة المدعومة برعاية المماليك والممارسة في ورشات ملكية جنباً إلى جنب مع أسواق محلية عبر كل من مصر وسورية ذرىً جديدة من الحرفية والتصمي	

الفترات التاريخيه	التوزيع الجغرافي
القرن الثالث/التاسع العصر العباسي ٢٢١ هجري/٨٣٦ ميلادي الفترتان الأموية والعباسية أواخر القرن التاسع/ الخامس عشر المماليك تاريخ الوجوه: عام ٣٦٩ هجري / ٩٧٩ ميلادي. تاريخ الجزء الخلفي للمقعد: ٣٧٥ هجري / ٩٨٥ ميلادي الفترة الفاطمية في تونس بالنسبة للوجوه وفترة الخلافة الأموية في قرطبة بالنسبة للجزء الخلفي لمقعد المنبر فترة المماليك، ٢٣ محرم ٧٢١ هجري / ٢١ شباط (فبراير) ١٣٢١ ميلادي القرن ٥ هـ / ١١ م العصر الفاطمي المدرسة: ١١٤٩/٥٤٣؛ المحراب: ٦٤٣/ ١٢٤٥ الزنكيون/ الأتابكة والأيوبيون ٦٣٩/ ١٢٤١-٢ الأيوبيون ٩٣٦/ ١٥٣٠ العثمانيون القرن٨- ٩ / ١٤- ١٥ أوائل العهد العثماني ٢٣-١٠٤٣/ ١٤-١٦٣٣ العثمانيون حوالي القرن١٢هـ /١٨م العصر العثماني ٧٣٧ / ١٣٣٦-١٣٣٧ العصر المملوكي	

ملاحظات

إن فنون الكتابة أكثر الفنون الإسلامية تميزًا وتضم فن التذهيب والتجليد والخط والتصحيف ورسم المنمنمات والتزويق. ومما لا شك فيه أن أكثر فن تنطبق عليه صفة الإسلام هو فن الخط العربي فهو الوحيد الذي لم يتأثر بأي فن من أي حضارة أخرى، وإنما انبثق من أهمية الكلمة في الدين وأهمية الحفاظ عليها وتقديمها على أحسن صورة.

<table>
<tr><th colspan="4">متحف بلا حدود
ماده تطبيقية للمحتوى الدراسي</th></tr>
<tr><td>الصف</td><td>"المرحلة الثانوية"
الحادي عشر
الثاني عشر علمي</td><td>التاريخ</td><td></td></tr>
<tr><td>الموضوع</td><td>الحضارة الإسلامية في الأندلس</td><td>الموضوعات المتداخلة</td><td>التاريخ الإسلامي +الكيمياء الكهربائية "الطلاء بالكهرباء"</td></tr>
<tr><td>الوحدة الدراسية
المادة التعليمية</td><td>ومادة التاريخ الإسلامي للصف الحادي عشر الأدبي.
مادة الكيمياء للصف الثاني عشر العلمي</td><td>مدة النشاط</td><td></td></tr>
<tr><td>توضيح تداخل الموضوعات</td><td colspan="3">١. تتناول مادة التاريخ الإسلامي دور الدولة الأموية الحضاري في الأندلس.
٢. كما تتناول الكيمياء طلاء المواد المعدنية من خلال إضافة مادة أخرى يمكن طلائها على المادة الأصلية</td></tr>
<tr><td colspan="4"></td></tr>
<tr><td colspan="2">مفهوم رئيسي</td><td colspan="2">مفهوم مركب</td></tr>
<tr><td colspan="2">الاستقلال</td><td colspan="2">الاستقلال – االعلاقات العالمية – التطور</td></tr>
<tr><td colspan="2"></td><td colspan="2"></td></tr>
<tr><td>الجملة - البيان المفاهمي</td><td colspan="3">الاستقلال يؤدي إلى الانطلاق الحضاري والتطور
العلاقات العالمية بين الأوروبيين والعرب أدت إلى قيام عصر النهضة الأوروبي</td></tr>
<tr><td>الفكرة الرئيسية للمفهوم</td><td colspan="3">• استقلال الدولة الأموية في الأندلس عن العباسيين أدى إلى انطلاقتهم الحضارية وتطورهم بمعزل عن الخلافة العباسية حتى وصلوا إلى مرحلة قيام الخلافة الأموية في الأندلس
• التفاعلات الحضارية بين العرب والأوروبيين في الأندلس أدت إلى انتقال الحضارة العربية الإسلامية لأوروبا.</td></tr>
</table>

الربط بالمنهاج الوطني:

مادة التاريخ الإسلامي:

أسس عبدالرحمن الداخل الدولة الأموية في الأندلس وسيطر على المدن الأندلسية متخذا قرطبة عاصمة له و معلنا الاستقلال عن بني العباس.
ظل عبدالرحمن بن معاوية أميرا على الأندلس لمدة ثلاثة وثلاثون عاما وطد فيها الحكم الأموي و واجه العديد من العقبات.
كان لعبدالرحمن دور حضاري كبير أثناء فترة حكمه بالأندلس حيث اتخذ من قرطبة عاصمة له وشيّد بها المباني والقصور مثل مسجد قرطبة وقصر الرصافة واهتم بالزراعة فشق الترع واهتم بالعلم حيث بنى المدارس فأصبحت الأندلس محطة جذب لطلاب العلم في أوروبا.
تولى بعده عدد من الأمراء كان أبرزهم عبدالرحمن الثالث الذي لقب بالخليفة. وفي عام ٤٢٢هـ/ ١٠٣١م سقطت الخلافة الأموية في الأندلس حيث تفككت إلى دويلات مستقلة عرف باسم ملوك الطوائف.

مادة الكيمياء:

يمكن طلاء المواد المعدنية "السيوف – الإسطرلاب" من خلال إضافة مادة أخرى يمكن طلائها على المادة الأصلية مثال: طلاء اسطرلاب من النحاس بطبقة من الفضة وذلك من أجل إظهار جماله ويعتمد سمك الطلاء على كمية الكهرباء المارة بالمحلول وعملية الطلاء كالتالي:

١. ينظف الإسطرلاب جيدا.
٢. يتم توصيل الإسطرلاب بالقطب السالب لمصدر التيار "قطب الكاثود" والفضة النقية بالقطب الموجب لمصدر التيار "قطب الآنود"
٣. يتم غمر القطبين في محلول سيانيد الفضة البوتاسيومي "الكتروليت".
٤. يمرر التيار الكهربائي بفترة زمنية مناسبة فيتغطى الإسطرلاب بطبقة من الفضة يتوقف سمكها على كمية الكهرباء المارة "شدة التيار A، الزمن" في المحلول.

المادة المرجعية من المتحف الافتراضي

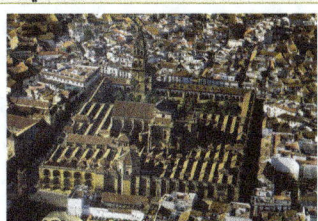

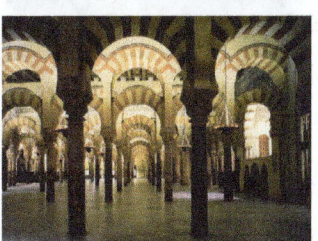

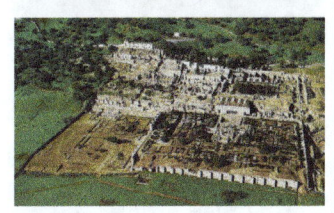

مسجد قرطبة:

أمويو الأندلس؛ فترتا الإمارة والخلافة، ١٣٩ – ٤٢٢ / ٧٥٦ – ١٠٣١؛ ١٦٩ – ٣٧٧ / ٧٨٦ – ٩٨٨

قرطبة. اسبانيا

كان هذا الجامع أهم مسجد بالغرب الإسلامي. وكما نعرفه اليوم فهو نتيجة لسلسلة من التوسعات المولة من قبل الأمراء والخلفاء الأمويين الذين حققوا الشرعية لسلطتهم ونجحوا بالتالي في الزيادة في الطاقة الاستيعابية للمسجد التي جعل منها تكاثر الساكان أمرا ضروريا. وقد تم الحصول على الوحدة الفضائية لقاعة الصلاة الفخمة (التي تبلغ مساحتها ١٢٠٠٠ متر مربع) بإعادة النسق – العبقري – للعقود المزدوجة التي ترتكز على أعمدة مرتبة على شكل بلاطات متعامدة مع جدار القبلة وتخلق فاعلية غابة نخيل. كما تم إتمام المجموعة بالمقصورة والمحراب المزخرفين زخرفة رائعة.

مدينة الزهراء:

أمويو الأندلس، فترة الخلافة، ٣٢٤ – ٣٦٥ / ٩٣٦ – ٩٧٦

قرطبة. اسبانيا

كانت مدينة الزهراء منذ إحداثها أسطورة رُويَت عجائبُها من قبل المؤرخين وأنشدت من لدن الشعراء. بُنيت هذه المدينة القصر قرب قرطبة من طرف عبد الرحمن الثالث وكانت تحتضنُ إقامة الخليفة وحاشيته وكذا مباني الإدارة.و شُيدت وفق ترتيب تدرجي يتكون من ثلاث مصطبات: القلعة في القمة والمدينة في الأسفل والحدائق في الوسط. وفي المركز كانت الصالة الملكية مسرحا لاحتفالات البلاط واستقبالات السفراء التي وصفت من قبل الأدباء. وقد شكل سقوط الخلافة بداية نهبها وتدميرها السريع

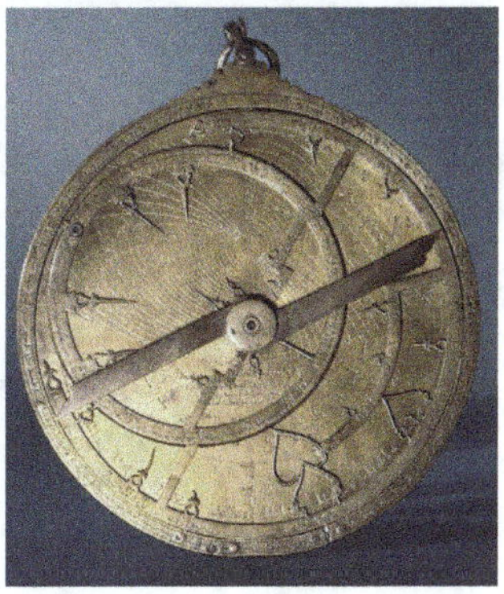

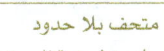

إسطرلاب:

٤٥٩ / ١٠٦٧، ممالك الطوائف، دولة بني ذي النون (٤٢٣ – ٤٧٨ / ١٠٣٢ – ١٠٨٥)

نحاس أصفر مذوب ومنحوت

المتحف الأثري الوطني

مدريد. اسبانيا

يمثل هذا الإسطرلاب المصنوع بحسب نقيشته الكتابية في طليطلة أحد أقدم الإسطرلابات التي جرى الحفاظ عليها. ويدلل على المستوى العلمي العالي الذي تم الوصول إليه في الأندلس إبان فترة الطوائف. كان هذا الإسطرلاب يستخدم لمعرفة الوجهات انطلاقا من مواقع النجوم في القبة السماوية خلال الليل المثلة على التصميم

متحف بلا حدود

ماده تطبيقية للمحتوى الدراسي "وحدة دراسية"

الروابط مع الموجودات في المتحف:

مسجد قرطبة:

http://www.discoverislamicart.org/pc_item.php?id=monument;ISL;es;Mon01;1;ar

مدينة الزهراء

http://www.discoverislamicart.org/pc_item.php?id=monument;ISL;es;Mon01;2;ar&dynasty=

الإسطرلاب:

http://www.discoverislamicart.org/pc_item.php?id=object;ISL;es;Mus01;17;ar&dynasty=

الفترات التاريخيه	التوزيع الجغرافي
أمويو الأندلس، فترة الخلافة، ٣٢٤ – ٣٦٥ / ٩٣٦ – ٩٧٦	اسبانيا - البرتغال

الأنشطة التعليمية:

١. ماهي الدوافع وراء اختيار عبدالرحمن الداخل للأندلس تحديدا لإنشاء دولة مستقلة؟ وما هي النتائج المترتبة على ذلك؟
٢. ما هي أبرز الإنجازات الحضارية للدولة الأموية في الأندلس؟
٣. ماذا يحدث لو استطاعت الخلافة العباسية القضاء على عبدالرحمن الثالث؟
٤. هل تستطيع أن تتخيل وضع الأندلس قبل وبعد الحكم الأموي فيها؟
٥. لماذا توجه الأوربيون إلى الأندلس لتلقي علومهم؟
٦. ما هي أبرز المدن الأندلسية التي لعبت دورا في انتقال الحضارة الإسلامية لأوروبا؟
٧. اكتب خطوات طلاء اسطرلاب من النحاس بطبقة من الفضة؟
٨. ما اسم المادة "الإلكتروليت" المستخدمة في طلاء الأدوات المعدنية بطبقة من الفضة؟
٩. ارسم طلاء قطعة من النحاس بطبقة من الفضة؟
١٠. علل: يتم تنظيف المادة المراد طلائها؟
١١. تعددت عوامل قيام النهضة الأوروبية. أذكر أبرزها من خلال وجهة نظرك؟ ولماذا؟
١٢. ما هو الدور الذي لعبت الأندلس في قيام عصر النهضة الأوروبية؟

متحف بلا حدود
ماده تطبيقية للمحتوى الدراسي

الصف	السادس إبتدائي/ الأول إعدادي الدولة : المغرب	التاريخ	مايو ٢٠١٢
الموضوع	المواجهة و احتكاك الحضارات	الموضوعات المتداخله	التاريخ – العمارة
اسم الدرس	العمارة العسكرية في حوض البحر الأبيض المتوسط خلال العصر الحديث		
الوحده الدراسية المادة التعليمية	التاريخ و التربية على المواطنة	مدة النشاط	
توضيح تداخل الموضوعات	الفن الإسلامي ،أنماط الزخرفة الإسلامية ،تاريخ (الصف التاسع) تتناول انماط الزخرفة الإسلامية الرياضيات (الأشكال الهندسية(الصف السابع تصميم لوحة زخرفية بأشكال هندسية		

مفهوم رئيسي	مفهوم مركب
تطور العمارة العسكرية	الصراع يفرض التغيير

الجملة - البيان المفاهمي	ابتكار أسلحة وتقنيات حربية جديدة ساهم في تطوير العمارة العسكرية
الفكرة الرئيسية للمفهوم	تطورت العمارة العسكرية عبر العصور حسب تطور تقنيات الهجوم و الحصار التي يستعملها العدو لمداهمة المدن المحصنة و اختراق الحصون المنيعة. ويتجلى هذا التطور عبر ابتكار تقنيات و مواد بناء جديدة ومن خلال إعادة تصميم الأبراج وتغيير مواقعها في الخطوط الدفاعية و كذلك الشأن بالنسبة للأبواب و شكل و قياسات الخنادق المضروبة حول المدن الحصينة. مع ابتكار الأسلحة النارية بات من الضروري توفير شروط خاصة لدفع ضربات العدو من خلال تحصين المواقع المحيطة أو المشرفة على المدينة بإقامة قلاع و حصون قوية و ضخمة لتحمل المدفعية الثقيلة التي تنصب فوق أسوارها لدك جيوش العدو.

الربط بالمنهاج الوطني: تاريخ: السادس ابتدائي / الأول إعدادي

- الحروب الصليبية
- المواجهة و احتكاك الحضارات

الفترات التاريخية	التوزيع الجغرافي
• العصر الوسيط • العصر الحديث	دول البحر الأبيض المتوسط

توجيهات ومعلومات إضافية :

لعل أكثر النماذج انتشارا خلال العصر الحديث هو نموذج "البساتين" (جمع بستيون و هي مشتقة من الكلمة اللاتينية bastion) الذي ظهر في إيطاليا قبل أن يجري تطويره و انتشاره على نطاق أوسع في فرنسا و إسبانيا و استعمله الأتراك في تصميم بعض قلاعهم. و بفعل موقع المغرب في خضم الأحداث و الحروب التي شهدها حوض البحر الأبيض المتوسط خلال القرن السادس عشر، فلقد تم استعمال هذا الطراز من العمارة في المدن الواقعة تحت التهديدات الخارجية كمدينة فاس (أنظر المثال المرفق أسفله) و مدينة العرائش على الساحل الأطلسي.

متى ظهرت الأسلحة النارية؟
ماذا تعرف عن الدولة السعدية؟
مااسم المعركة الشهيرة التي خاضها السعديون ضد البرتغال؟
١- حلق الوادي؟ ٢- وادي المخازن؟
اذكر أهم الدول التي عاصرت حكم السعديين و كانت تتنافس على فرض هيمنتها في حوض البحر الأبيض المتوسط؟
اذكر بعض الخصائص التي تميز الحصون المشيدة لمواجهة المدفعية الثقيلة من خلال الأمثلة المغربية :
فاس، العرائش، تازة

المادة المرجعية من المتحف الافتراضي

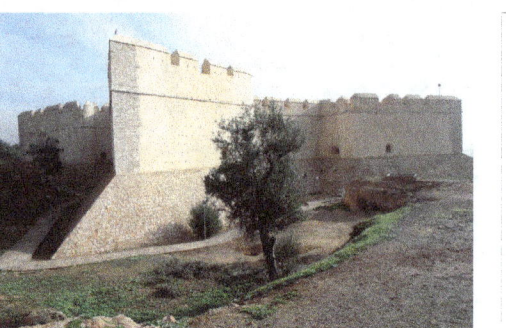

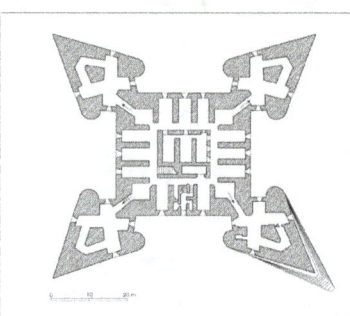

البرج الشمالي

القرن ١٠ الهجري / ١٦ الميلادي؛ عام ٩٩٥ هجري / ١٥٨٨ ميلادي، الفترة السعدية

فاس، المغرب

يقع البرج الشمالي (حاليا متحف الأسلحة) فوق تل شمال مدينة فاس العتيقة خارج الأسوار. وهو عبارة عن موقع محصن شُيد خلال القرن ١٦ من طرف السلطان السعدي أحمد المنصور الذهبي. استُعملت هذه البناية العسكرية الضخمة المبنية بالطابية والمحاطة بأربعة أبراج لحماية مدينة فاس من الخطر الذي كان يشكله المد العثماني من جهة الشرق كما شكلت سدا منيعا في وجه الحصارات المتعددة للقبائل والمطالبين بالعرش.

تحيطُ بداخل البناية ممرات بينما غُطيت الأسقفُ بقبوات مكورة على شكل قوس دائرة مع زخارف بسيطة غُطيت جزئيا بعد ترميمات عديدة

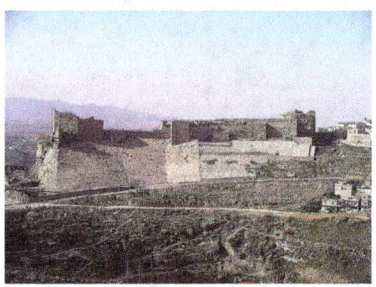

الكرك، الاردن

بدأ إنشاء قلعة الكرك الإفرنجية بإيعاز من باين لوبوتيه في عام ٥٣٤ هـ/ ١١٣٩م واستكمل في عام ٥٣٧ هـ/١١٤٢م. بُنيت القلعة على جرف مرتفع مع اتباع إحداثيات الأرض. محميَّة بخنادق عميقة جافة ثمّة منحدر صخري هائل، وفَّر أمن الواجهة الجنوبية الشرقية. نوعان من الحجارة استُخدما في البناء: صوان غير نقي، أحمر مائل إلى السواد يمثِّل المرحلة الصليبية وحجر كلسي ناعم، ضارب إلى الصفرة ينتمي إلى الفترة الأيوبية المملوكية. نجحت قوات صلاح الدين في الاستيلاء على القلعة بعيد عام ٥٨٣ هـ/١١٨٧م وتمَّت إعادة تحصينها عدداً من المرات في القرون التالية

الروابط للمعلومات الموجودة في المتحف :

http://www.discoverislamicart.org/exhibitions/ISL/crusader/exhibition.php?theme=5

http://www.discoverislamicart.org/exhibitions/ISL/muslim_west/exhibition.php?theme=2

http://www.discoverislamicart.org/exhibitions/ISL/muslim_west/exhibition.php?theme=2

متحف بلا حدود
ماده تطبيقية للمحتوى الدراسي

الصف	السادس إبتدائي	التاريخ	مايو ٢٠١٢
الموضوع	أثار تاريخية من عهد الموحدين: الكتبية وحسان	الموضوعات المتداخله	الآثار والفنون الإسلامية
اسم الدرس	العمارة الدينية الموحدية		
الوحده الدراسية المادة التعليمية	اجتماعيات، مادة التاريخ	مدة النشاط	درس من ساعتين

مفهوم رئيسي	مفهوم مركب
الخصوصية المحلية	الاستمرارية والتأثير

الجملة - البيان المفاهمي	التواصل بين المغرب والأندلس أدى إلى تلاقح حضاري نتجت عنه مدرسة هندسية بخصوصيات محلية لازال تأثيرها مستمرا.
الفكرة الرئيسية للمفهوم	ما يميز العمارة الدينية خلال الفترة الموحدية هو اقتباسها لعناصرها الأساسية من مساجد الأقصى ودمشق والقيروان وقرطبة ومزجها بالتقاليد المحلية لتعطينا نموذجا معماريا محليا سواء على مستوى تصميم قاعات الصلاة ذات الأروقة المتوازية مع جدار القبلة والبلاط المحوري أو على مستوى شكل الصوامع المربعة أو الزخارف الهندسية والنباتية والكتابات. ستمارس هذه العمارة تأثيرها في المساجد في منطقة الغرب الإسلامي بأكمله وستضمن لنفسها الاستمرارية إلى يومنا هذا.

الربط بالمنهاج الوطني: تاريخ: السادس ابتدائي / الأول إعدادي

كتاب الاجتماعيات. مادة التاريخ للسنة السادسة من التعليم الإبتدائي، الطبعة ٦، ٢٠١٠/٢٠١١،

وزارة التربية الوطنية. المملكة المغربية.

الفترات التاريخية	التوزيع الجغرافي
الفترة الموحدية: من ١١٢٥إلى ١٢٦٠ م	المغرب (مراكش، الرباط، تازة، فاس وجدة) الأندلس إشبيلية الجزائر (ندرومة، تلمسان، الجزائر) تونس، تونس العاصمة

توجيهات و معلومات إضافية

محاور الدرس المقترحة:

لمحة حول أهم مساجد الإسلام (الأقصى، قبة الصخرة، دمشق، قيروان، قرطبة...

المساجد المغربية خلال الفترة الموحدية (التصميم، قاعة الصلاة، الصومعة، البناء، الزخرفة...)

الاستمرارية في مساجد الفترات اللاحقة (التأثيرات) ببلاد المغارب

المادة المرجعية من المتحف الافتراضي

الفن الإسباني المغربي

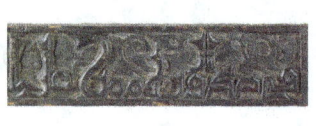

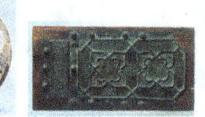

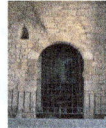

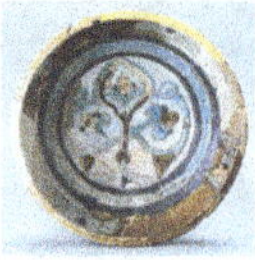

المرابطون والموحدون: فن إسباني مغاربي

هما مرحلتان من فن واحد تأسَّس على الصرامة الدينية التي تعود بأصولها إلى المغرب والتي فُرضت على الأندلس فأعطت التظاهرات الفنية في ضفتي مضيق جبل طارق وحدة أسلوبية. في البداية كان التقشُّف السمة الغالبة على هذا الفن لكنه لم يلبث أن تطور نحو درجة أعلى من التعقيد بتأثير من الفن الأندلسي الموجود قبله.

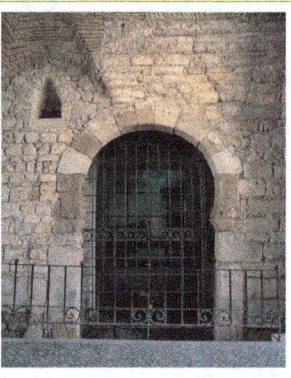

باب المدينة (بورتا دا فيلا)

الفترة المرابطية، النصف الثاني من القرن ٥ –

النصف الأول من القرن ٦ الهجري /

نهاية القرن ١١ – النصف الأول من القرن ١٢ م

فارو، البرتغال

تُولي مرحلة المرابطين أهمية كبيرة للعمود المبني من الآجر وللقوس الحدوي والزخارف الهندسية الرزينة.

الروابط للمعلومات الموجودة في المتحف:

موقع متحف بلا حدود/ معارض/الغرب المسلم/ المرابطون والموحدون: فن إسباني مغاربي:

متحف بلا حدود ماده تطبيقية للمحتوى الدراسي			
الصف	السادس إبتدائي	التاريخ	مايو ٢٠١٢
الموضوع	تقنيات جلب الماء	الموضوعات المتداخله	التاريخ و العمارة والآثار الإسلامية
اسم الدرس	الخطارة تقنية فريدة لحبس وجر المياه		
الوحده الدراسية المادة التعليمية	التاريخ	مدة النشاط	درس من ساعتين

مفهوم رئيسي	مفهوم مركب
التعمير في وسط شبه صحراوي	ابتكار تقنيات لجلب المياه

الجملة - البيان المفاهمي	الحاجة إلى الماء تدفع إلى ابتكار تقنيات فريدة لجلبه
الفكرة الرئيسية للمفهوم	عند ظهور دولتهم بجنوب المغرب اختار المرابطون مدينة مراكش عاصمة لهم. ولما كان التطور العمراني للعاصمة الجديدة رهينا بوفرة الماء الذي يعد مادة حيوية ونادرة في هذه المنطقة الشبه صحراوية ابتكر المهندسون تقنية فريدة لجلب المياه من سفوح جبال الأطلس التي تبعد بمسافة تقارب العشرين كيلومترا. هذه المنشأة المائية تسمى الخطارة وهي عبارة عن ساقية تحت أرضية على شكل قناة عميقة محفورة انطلاقا من نبع مائي بسفح أحد الجبال. تتخلل القناة آبارا تفصلها مساحات توازي ٢٠ مترا تقريبا وينخفض عمقها كلما اتجهنا نحو السهل حيث توجد المدينة. ويتم توزيع الماء على الحقول والصهاريج والأحياء السكنية والسقايات بواسطة قنوات مصنوعة من الطين.

الربط بالمنهاج الوطني: تاريخ: السادس ابتدائي / الأول إعدادي

كتاب الاجتماعيات، مادة التاريخ. السنة السادسة من التعليم الإبتدائي. الطبعة ٦. ٢٠١٠/٢٠١١،

وزارة التربية الوطنية. المملكة المغربية.

درس: الطرق التجارية في عهد المرابطين

الفترات التاريخية	التوزيع الجغرافي
الدولة المرابطية	المغرب (مراكش والمناطق الجنوبية)

توجيهات و معلومات إضافية

محاور الدرس:

- تمهيد حول أهمية الماء في الإسلام وتقنيات جلبه وتخزينه
- بناء مراكش في عهد المرابطين ومشكلة الماء
- ابتكارتقنية الخطارة

المادةالمرجعية من المتحف الافتراضي

إدارة الماء

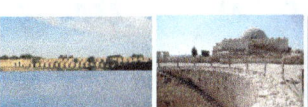

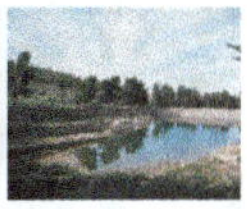

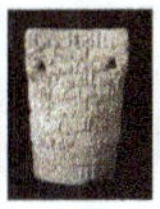

«كان من الضروري اختراع أساليب لإسالة مياه الينابيع الطبيعية وتجميع مياه الأمطار»

للصمود في وجه الجفاف كان من الضروري اختراع أساليب لإسالة مياه الينابيع الطبيعية وتجميع مياه الأمطار للاستعمال اللاحق. وكان الأمر استثنائي الأهمية بالنسبة للخانات والوكالات على امتداد طرق الحج وكان من واجب الحاكم أو الوالي المسلم ضمان توفُّر المطلوب من الماء وبقاء طرق السفر إلى الأمكنة المقدسة آمنة.

اكتشف الفن الإسلامي

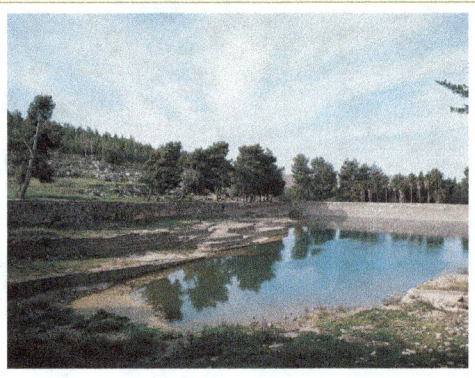

برك سليمان

يعود بناء البركتين الأولى والثانية إلى النصف الثاني من القرن الأول قبل الميلاد والبركة الثالثة السفلية إلى ما بين العامين ٨٦٥ - ٨٧٢ / ١٤٦١ - ١٤٦٧ /
تعود البركتان الأولى والثانية إلى العصر الروماني والبركة الثالثة إلى العصر المملوكي
بيت لحم، فلسطين

خزان ماء ضخم مؤلف من ثلاثة أحواض متصلة ذو طاقة هائلة على صعيد تجميع الماء الذي كان يُسال بعد التجميع بقناة إلى القدس.

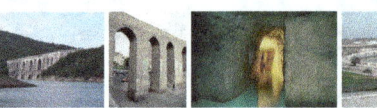

« شهد الموروث عن الرومان من تقنيات في إدارة الماء مزيداً من التطوير في ظل الأسر الإسلامية الحاكمة »

بينما جرت الاستفادة من الشبكة التي أنشأها الرومان مجدداً، مرة بعد أخرى عبر العصور، ظلَّت مساهمة الحضارة الإسلامية في إدارة الماء هي الأخرى، ذات أهمية إذ مالبثت الهجرة العربية الواسعة والزيادة السكانية الكبيرة أن أفضتا إلى نمو طبقة جديدة من ملاك الأرض راحت تستثمر في الإنتاج الزراعي. وهكذا، فإن الموروث عن الرومان من تقنيات في إدارة الماء قد شهد مزيداً من التطوير في ظل الأسر الحاكمة الإسلامية كما يتجلى ذلك في إنشاء العديد من أجهزة إدارة الماء بما فيها قنوات تحت الأرض وقنوات نظامية وأقنية وصهاريج وسدود وخزانات مطر ونواعير.

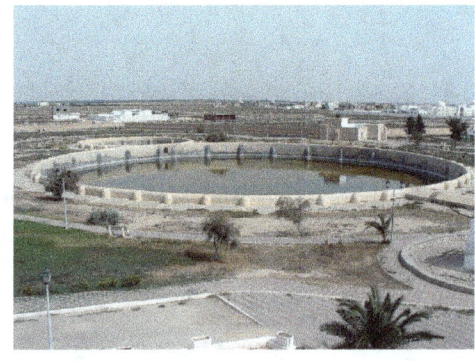

صهاريج الأغالبة

٢٤٨ هجري/ ٨٦٢ ميلادي
الفترة الأغلبية – العباسية
القيروان، تونس

أحد الخزانات الحجرية الأربعة الباقية (كانت المجموعة تتكون في الأصل من ١٥ خزاناً) التي كانت ذات يوم تزود القيروان بالماء، بعد إضفاء اسم "برج الصهاريج" عليها. كان الماء يتدفق أولاً في حوض صغير حيث يصفَّى ثم يُسال إلى حوض أكبر للتخزين.

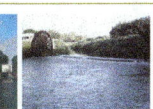

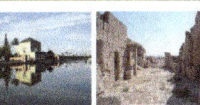

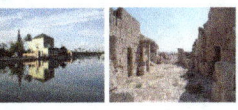

«كانت صيانة الصهاريج في الخانات أساسية بالنسبة إلى المسافرين والتجار والحُجَّاج»

أتاحت معرفة ريّ الأراضي للحكام العرب فرصة توسيع دائرة إدارتهم إلى البحر الأبيض المتوسط. وكانت صيانة الصهاريج في الخانات أساسية بالنسبة إلى المسافرين والتجار والحُجَّاج. وكانت الجمال تُقطر عبر الصحراء لريِّ الأرض وتقام منشآت ميكانيكية على امتداد الأنهار وتستغل آبار للمساهمة في توسيع دائرة توزيع الماء.

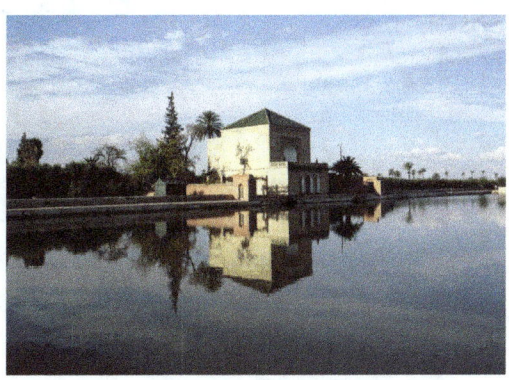

المنارة

الصهريج الأول: القرن ٥ الهجري / ١١ الميلادي.

الجناح الأول: القرن ١٠ الهجري / ١٦ الميلادي.

البناية النهائية: القرن ١١ الهجري / ١٧ الميلادي

الفترات الموحدية والسعدية والعلوية

مراكش. المغرب

كان هذا الحوض المائي الاصطناعي الذي أنشأه الموحِّدون (حكموا فيما بين عامي ٥٢٤–٦٦٨ هـ/١١٣٠–١٢٦٩ م) مصدراً مائياً مهماً بالنسبة لساكني مدينة مراكش في المغرب وشهد عمليات إنشاء وصيانة عديدة خلال الفترات المتعاقبة.

الروابط للمعلومات الموجودة في المتحف :

موقع متحف بلا حدود/ معارض/ الغرب المسلم

http://www.discoverislamicart.org/exhibitions/ISL/water/exhibition.php?theme=1

http://www.discoverislamicart.org/exhibitions/ISL/water/exhibition.php?theme=1&page=2

http://www.discoverislamicart.org/exhibitions/ISL/water/exhibition.php?theme=1&page=4

اكتشف الفن الإسلامي

متحف بلا حدود
مادة تطبيقية للمحتوى الدراسي

الصف	التاسع	التاريخ	
الموضوع	الحياة الاجتماعية في المجتمع العربي الإسلامي	الموضوعات المتداخلة	مكانة المرأة في الإسلام
الوحدة الدراسية المادة التعليمية	الحياة الاجتماعية في المجتمع العربي الإسلامي	مدة النشاط	

توضيح تداخل الموضوعات	الحياة الاجتماعية في المجتمع العربي الإسلامي (تاريخ الصف التاسع)

مفهوم رئيسي	مفهوم مركب
الحقوق	المكانة
ما علاقة الصورة بالحقوق......؟	ما علاقة الصورة بالمكانة ....؟

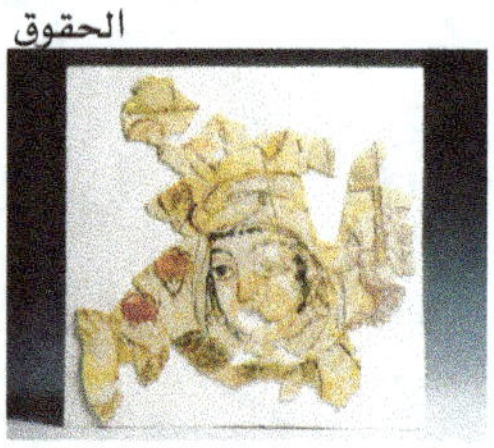

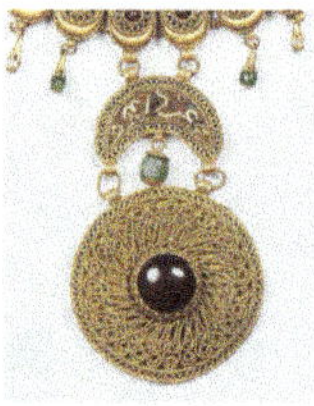

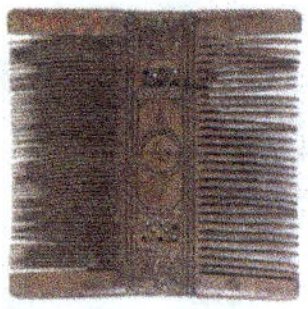

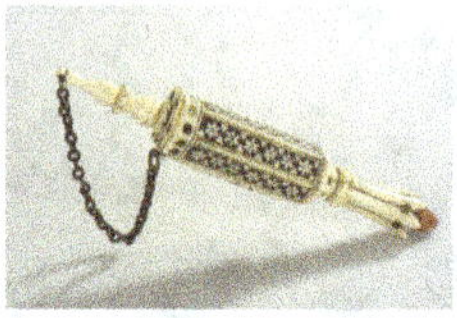

الجملة – البيان المفاهيمي	أعطى الإسلام المرأة حقوقها كاملة باعتبارها نواة الأسرة كأم وهي أساس الأسرة والركيزة الأساسية في بناء المجتمع و أدى إلى ظهور دور جديد وهي المرأة الكاتبة والحاكمة.
الفكرة الرئيسية للمفهوم	لقد كان للمرأة أدوارها العديدة في الحضارة الإسلامية ولم تقتصر على المشاركة في الحياة الاجتماعية والاقتصادية للأسرة بل امتدت إلى المشاركة في الحياة العلمية والتعليمية والسياسية والعسكرية مما جعل الفنانون يعبرون عن ذلك ببعض اللوحات واهتمام المرأة اكثر بنفسها.

الربط بالمنهاج الوطني:
1. تبين أثر الجواري في الحياة الاجتماعية
2. تبين دور المرأة في الأسرة والمجتمع الإسلامي
3. تحافظ على الهوية العربية الإسلامية في إطار اتصاله بالحضارات الأخرى

المادة المرجعية من المتحف الافتراضي
الروابط مع الموجودات في المتحف

يوصي الإسلام أتباعه رجالاً ونساءً بالحشمة في الملبس ويُتوقَّع من المسلمات أن يغطين رؤوسهن ويرتدين أثواباً بأكمام طويلة من العنق إلى الكاحل. وإضافةً إلى هذه الأعراف التي يراعيها الجميع ظلت الأزياء النسائية شديدة التنوع والتباين من ثقافة إلى أخرى، ومن عصر إلى آخر، من حيث المنسوجات والتصاميم وتبطين الأثواب وأساليب غطاء الرأس وسائر الملحقات التزيينية. كما ظلَّت الطبقة الاجتماعية والخلفية العرقية تضطلعان بدور في تحديد مظهر النساء.

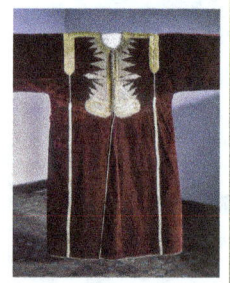

كان من شأن ملابس المرأة في مصر أن تشتمل على الإزار، وهو قطعة قماش ملفوفة حول الجذع والوركين العلويين والمئزر الملفوف حول الخاصرة فوق الثوب. أما الجبة فكانت ثوباً خارجياً عاماً مغلقاً عند الصدر ومفتوحاً عند أسفل الذيل. وكانت تصنع قمصان بأطوال مختلفة من الكتان أو القطن حيث كان عرض الكمّ يشي بمدى غنى المرأة. وأخيراً الشّملة وكانت تستعمل لتغطية مجمل الجسم. وفي البلدان الأخرى حيث توفَّرت خيارات كثيرة لإلباس الجسد والرأس درجت أعراف ملابس نسوية مختلفة. فقد كان النساء يعتمرن بالعمائم وبطيف متنوع من أغطية الرأس إضافةً إلى تشكيلة واسعة من الشالات أو الأوشحة أو الحطات.

قائمة مصطلحات و مفردات في "متحف بلا حدود : اكتشف الفن الإسلامي"

الرقم	المصطلح (الكلمات المفتاحية)	التعريف
١.	اتابك	الأمير ، السيد . وأطلقت على الأمير مربي أبناء الملوك والأمراء . والكلمة مغولية صينية
٢.	اتصالات	تَبَادُلُ المَعْلُومَاتِ وَالأَنْشِطَةِ الفَنِّيَّةِ وَالفِكْرِيَّةِ وَتَفَاعُلُهَا
٣.	استنساخ	استنسخ كتابا أي نَقَلَهُ بِخَطِّ يَدِه
٤.	الإبداع والابتكار	أفكارٌ تتصفُ بأنَّهَا جديدةٌ ومفيدةٌ ومتصلةٌ بحلٍّ أمثل لمشكلاتٍ معينةٍ أو تطويرِ أساليبَ أو أهداف أو تعميق رؤيةٍ أو تجميع أو إعادة تركيب الأنماطِ المعروفةِ في السلوكياتِ الإداريةِ في أشكالٍ متميزةٍ ومتطورةٍ تقفزُ بأصحابِهَا إلَى الأمام
٥.	الأتابكة:	القائد الأعلى للجيش. كان الأتابكة يعينون أولياء على الأمراء السلجوقيين الشباب الذين يعملون كولاة على مدن كبرى، لكنهم قووا نفوذهم، وعززوا مع الوقت استقلاليتهم
٦.	الاجتياح	قيام إحدى الدول بالدخول عنوة إلى أراضي دولة مجاورة
٧.	الاحتياجات	هي مجموعة من المهارات والمعارف والاتجاهات المحددة التي يحتاجها فرد في مؤسسة او وظيفة معينة من اجل القيام بأداء مهام معينة بشكل أكثر كفاءة وفاعلية
٨.	الأدوار	الدَّور الاجتماعيّ : (علوم الاجتماع) السُّلوك المتوقَّع من الفرد في الجماعة ، أو النَّمط الثَّقافيّ المحدَّد لسلوك الفرد الذي يشغل مكانةً معيّنة
٩.	الازار	هو قطعة من النسيج تلتف به النساء عندما يبرزن للناس حيث يخفي هذا الثوب الملابس الاخرى
١٠.	الأسبلة	بناية مصممة من أجل توفير الماء الشروب؛ سقاية عمومية
١١.	الاستقصاء	بلغ أقصاه في البحث عنه : بَحْثُ تَفاصيلِ المَوْضوعِ جُمْلَةً وَتَفْصيلاً
١٢.	الاستقلال	الإنفراد بالشيء
١٣.	الاستكشاف	اِسْتِطْلاع ، اِسْتِقْصاء ، اِكْتِشاف رحلة استكشاف : ارتياد أرض أو بلاد مجهولة لدراستها بعناية
١٤.	الاستمرارية	١. قدرة على التواصل من دون انقطاع ، أو ثبات عن منهج معيَّن من دون تغيير
١٥.	الأغالبة	دولة سنية أسسها في تونس التي كانت تسمى افريقيا يومئذ اول امرائها ابن الأغلب بن سالم بن عقال بن خفاجه
١٦.	الانحطاط	مصطلح يُطلق على مرحلة في تاريخ الأدب انحطَّ فيها الأدبُ بعد ازدهاره في عصر سابق ، كانحطاط الأدب العربي بعد سقوط بغداد ٦٥٦ هـ / ١٢٥٨ م حتى بدء العصر الحديث
١٧.	الأندلس	الاسم الذي كان يُطلق على شبه الجزيرة الإيبيرية، عندما كانت تحت السيطرة الإسلامية، التي استمرت قرابة ثمانية قرون، فيما بين عامي ٢٩-٧٩٨ هـ/١١٧-١٤٩٢ م. وشبه الجزيرة الإيبيرية تضم حالياً كلاً من إسبانيا والبرتغال
١٨.	البرامكة	أسرة فارسية تنسب إلى جدها برمك وهو لقب أطلق على سادن او كاهن معبد قديم في مدينة بلخ
١٩.	البيمارستان	مستشفى، مشفى ملجأ. التركية: داروصحة (دار الصحة)، سيفاحان.
٢٠.	التجديد	من جدد الشيء إذا صيره جديدا و أدخل عليه مكونات مغايرة لشكله الأصلي
٢١.	التزيين	التحسين والزخرفة

٢٢.	التعاون	ارتباط مجموعة من الأفراد على أساس من الحقوق والالتزامات المتساوية لمواجهة وللتغلب على ما قد يعترضهم من المشاكل الاقتصادية أو الاجتماعية أو السياسية أو القانونية ذات الارتباط الوثيق المباشر بمستوى معيشتهم الاقتصادية والاجتماعية سواء كانوا منتجين أو مستهلكين
٢٣.	التعبير	إظهار الأفكار والعواطف بالكلام ، أو الحركات ، أو قسمات الوجه
٢٤.	التغيير	عملية تطوير أو إدخال تحسين على الشيء أو المنظومة بحيث تكون مختلفا عن وضعه الحالي وبحيث يتمكن من تحقيق أهدافه بشكل أفضل وقد يتناول التغيير هيكل المنظومة أو سياساتها أو برامجها أو اجراءاتها أو عملياتها أو الجوانب السلوكية فيها.
٢٥.	التفاعلات	بأنها علاقات شاملة لمختلف الأفراد و الجماعات فيما بينها العلاقات الدولية سواء كانت علاقات رسمية أم غير رسمية
٢٦.	التكفيت	كلمة فارسية بمعنى دق، وهي حفر مكان للزخارف على المعدن ثم حشو الزخارف بمادة أقيم وأثمن من المعدن الأصلي.
٢٧.	الجزية	الجِزْيَةُ ما يؤْخَذ من أَهل الذِّمَّة .
٢٨.	الجمالية	صفة تلحظ في الأشياء وتبعث في النُّفوس سرورًا أو إحساسًا بالانتظام والتّناغم ، وهو أحد المفاهيم الثلاثة التي تُنسب إليها أحكام القيم : الجمال والحقّ والخير
٢٩.	الحرفة	وسيلةُ الكسب من زراعة وصَناعة وتجارة وغيرها
٣٠.	الخان	كلمة من أصل فارسي. نزل أو فندق يتواجد على حافة الطرق الرئيسية موفرا المسكن للمسافرين، والمخزن الآمن لسلعهم. .
٣١.	الخَرَاجُ	الخراج هو قيمة إيجار الأرض الزراعية و يختلف عن الجزية
٣٢.	الخط الديواني	وسمي بذلك لاستعماله في الدواين الرسمية والحكومية في الدولة العثمانية
٣٣.	الخط الكوفي	وهو أقدم خط في بلاد العراق ويستخدم في الكتابات الزخرفة المعمارية التي تحتاج الى مساحات كبيرة مثل المساجد
٣٤.	الخلافات	نزاع يجري بين متعارضين لتحقيق حق أو إبطال باطل
٣٥.	الخليفة	القائد الأعلى في الدولة الإسلامية. والخليفة هو من كان يخلف الرسول في قيادة المسلمين
٣٦.	الرباطات	سياج حائطي محصن من أجل الجنود-النساك (أفريقيا الشمالية)؛ نزل من أجل الحجاج (مصر المملوكية وفلسطين وسورية). اسم مدينة الرباط مشتق من رباط الفتح، وهي التسمية التي كانت تحملها المدينة عند تأسيسها في نهاية القرن ٦ الهجري/١٢ الميلادي
٣٧.	الرعاية	عادة مكافأة الحلفاء السياسيين بعد الفوز في الانتخاب عن طريق تعيينهم في وظائف رسمية حكومية .
٣٨.	الزخرفة	تزيين فنّيّ بأسلوب عربيّ ، تندمج فيه رسوم الأزهار والأوراق والفواكه التي زيَّن بها العربُ حروف كتابتهم وأعمدة مبانيهم .
٣٩.	الزليج	مصطلح أسباني وبرتغالي كثير التداول في كل بلاد المغارب، يدل على بلاطات الخزف المبرنقة التي يتم تجميعها من أجل خلق أشكال كبيرة، وبالأخص من أجل كسوة جدران صحون المساجد والقصور.

٤٠.	السَّدُّ	بِنَاءٌ وَسَطَ نَهْرٍ لِضَبْطِ الفَيَضَانَاتِ وتَوْفِيرِ المِيَاهِ عَلَى الدَّوَامِ للشرب و الري وتزويد الشبكة المائية للمدن المجاورة وَتَوْلِيدِ الكَهْرَبَاءِ
٤١.	السراج	المصباح الزاهر
٤٢.	السيطرة	سَيْطر على كذا تسلَّط عليه ، تحكّم في سلوكه ، أشرف عليه وتعهَّد أحوالَه وأحصى أعمالَه
٤٣.	الشيعة	فرقة كبيرة من المسلمين اجتمعوا على حبّ عليّ وآله وأحقّيَّتهم بالإمامة
٤٤.	الصراع	تضارب الأهداف ممّا يؤدّي إلى الخلاف أو التصارع بين قوّتين أو جماعتين . (علوم الاجتماع) اتِّجاه يهدف إلى الفوز على الأفراد أو الجماعات المعارضة أو الإضرار بها أو بممتلكاتها أو بأيّ شيء ممّا تتعلَّق به .
٤٥.	الصَّلِيبِيُّونَ	جيوش من نصارَى أوربة ، غزت الشرق الإسلاميّ مراراً في أثناء القرون الحاديَ عشرَ والثانيَ عشرَ والثالثَ عشرَ الميلادية ؛ بدعْوى تخليص بيت المقدس وما حوْله. و هي تسمية أوروبية نظرا لأن هؤلاء المحاربين كانوا يضعون شارة الصليب على صدورهم و كانوا يعتبرون هذه الحروب دينية لتحرير الأماكن المقدسة المسيحية من أيدي المسلمين. و أما المسلمون و المسيحيون في الشرق فقد أطلقوا عليهم الفرنجة و على الحروب الصليبية حروب الفرنجة لاعتقادهم أن الأديان السماوية تدعو للتسامح و لا تدعو للحروب .
٤٦.	الصوفية	أسلوب متميز بتهذيب النفس والسمو بالروح وتقويم السلوك ، وقد أسرف بعضهم فاتبع طريقة غير الإسلام في ذلك فضل وأضل
٤٧.	الطراز	استعمل هذا المصطلح في الأول للدلالة على الكتابات المطرزة على النسيج، ثم دل على الألبسة النسيجية التي تحمل كتابات تعطي اسم الحاكم والورشة التي صنع فيها النسيج. كانت هذه العباءات تقدم من طرف الخليفة إلى الشعب الذي يريد تكريمه. دار الطراز: ورشات ملكية للنسيج تسير من طرف القصر
٤٨.	العصر	فترة زمنيّة قديمة من فترات الحضارة الإنسانيَّة
٤٩.	العلاقات	تفاعلات تربط بين طرفين أو أكثر من أجل تبادل الآراء و المصالح بناء على روابط عفوية أو على اتفاقيات مسطرة سلفا.
٥٠.	العمامة	لباس الرأس عند العرب منذ الجاهلية
٥١.	العواصم	هي المناطق التي تعصم الحدود من الوقوع في قبضة العدو
٥٢.	الفُسَيْفِسَاءُ	قِطَعٌ صغيرةٌ ملوَّنةٌ من الرخام أو الحصباءِ أو الخَرَزِ أو نحوها يُضَمُّ بعضُها إلى بعض فيكوَّن منها صور ورسوم تزين أَرضَ البيت أو جُدرانَه .
٥٣.	الفَلْسَفَةُ	وكانت تشمل العلوم جميعًا ، واقتصرت في هذا العصر على المنطق ، والأَخلاق ، وعلم الجمال ، وما وراءَ الطبيعة .
٥٤.	القبة	قبة، تجاوزا ، صرح أو غرفة مبنية فوق قبر ولي صالح أو شخصية هامة، متميزة في أغلب الأحيان
٥٥.	القصبة	قلعة ، حصن، عادة مايمثل وسط مدينة ما. قصيبة: قصبة صغيرة، اسم حي بمدينة بيزرت في تونس. انظر أيضا حصن، قلعة
٥٦.	القوة	هي ببساطة القدرة على التأثير على الآخرين وإخضاعهم لإرادة القوي الفاعل، لذلك فالأقوياء في أي موقف اجتماعي كان أم سياسي أم اقتصادي أم ثقافي هم الذين يفرضون إرادتهم وكلمتهم ويسيرون الأمور كما يرونها ووفقاً لمصالحهم الخاصة
٥٧.	الكُتَّابُ	مكانٌ صَغيرٌ لتعليم الصِّبيان القراءَة والكتابة وتحفيظهم القرآن . والجمع : كَتَاتِيبُ
٥٨.	الكتابة	هي أن يكتب الشيخ ما سمعه أو بعضا من حديثه لحاضر عنده أو غائب عنه سواء كتب بخطه أو كتب عنه بأمره .
٥٩.	الكوى	الكوى ذات الأقواس الحاضنة لنباتات منمطة ،تطوّرت إلى موضوع شائع في الفن والمعمار الإسلاميين

٦٠.	اللقى الاثرية	الآثار الأدلة يمكن أن تساعد العلماء على فهم حياة الناس الذين عاشوا في الأزمنة القديمة منذ فجر الإنسان الأول وإلى فترتنا التي نعيش (العالم المعاصر) . وتتراوح الأدلة الأثرية بين بقايا مدينة كبيرة، وبعض قطع الحجارة، التي تدل على صناع الأدوات الحجرية منذ أزمان بعيدة
٦١.	اللقى الاثرية	تسمى الآثار الدقيقة وهي كل أثر بالإمكان نقله من الموقع الأثري وهي بعكس الآثار الثابته مثل المباني والمعابد والمساجد والأضرحة وغيرها. وفي معجم المصطلحات الأثرية لجامعة الملك سعود اللقى الأثرية Small find اصطلاح يطلق على القطع الصغيرة التي يعثر عليها ويسهل رفعها ونقلها من الموقع الأثري
٦٢.	المجتمعات	وهو مجموعة من الأفراد تعيش في موقع معين ترتبط فيما بينها بعلاقات ثقافية واجتماعية، يسعى كل واحد منهم لتحقيق المصالح والاحتياجات
٦٣.	المرابطون	المرابط ، مسلم تقي جدا ومقدس لزهده يشكل قبره موضعا للحج؛ ناسك محارب يعيش في رباط. اسم دولة معروفة تحت تسمية "المرابطين" حكمت المغرب و الأندلس في عام ٤٥٤-٥٤١ هجري/١٠٦٢-١١٤٧ ميلادي
٦٤.	المزاوجه	حَاوَلَ الْمُزَاوَجَةَ بَيْنَ العَمَلَيْنِ " : أي الرَّبْطَ وَالوَصْلَ بَيْنَهُمَا
٦٥.	المعاصر	عاصَره عاش معه في عصرٍ واحدٍ ، أي في زمن واحد
٦٦.	المعتزلة	حركة نشأت على يد واصل بن عطاء نادت بحرية الرأي وسيادة العقل
٦٧.	المقام	بناية مكونة من وحدة أو العديد من الوحدات المعمارية تضم بشكل عام قبة تحتضن قبر شخصية دينية هامة. موضع للعبادة والحج. انظر أيضا ضريح، قبة، تربة
٦٨.	المقرنصات	زخرف معماري على شكل هوابط أو عش النحل يزين العديد من السطوح بما فيها القبب والكوابيل. في بلاد المغارب، مقربص
٦٩.	المقصورة	رقعة مسيجة محجوزة للإمام الذي يؤم الصلوات أو الخليفة بجانب المحراب و تكون غالبا مسيجة بدربوز خشبي.
٧٠.	المئذنة	رمز وجود الإسلام ومنبر الدعوة إلى الصلاة المئذنة هي بناء عال ملاصق للمسجد معد للآذان أي الدعوة للصلاة. و تسمى كذلك الصومعة في بعض دول الغرب الإسلامي.
٧١.	النُّخْبَةُ	المختارُ من كل شيء
٧٢.	النهضة	النَّهضَة الوثبةُ في سبيل التقدّم الاجتماعي أو غيره. حركة ثقافية فنية و أدبية أوروبية استمرت عدة قرون من القرن الثالث عشر حتى الخامس عشر الميلادي. حركة قامت في مصر و الشام في القرن التَّاسع عشر هدفت إلى السَّعي إلى الأفضل والتَّقدّم في مجالات العلم والفن والأدب وسواها وتطوير أساليبها .
٧٣.	الوقف	جَعَلَ أَمْلاَكَهُ وَقْفاً عَلَى الأَعْمَالِ الخَيْرِيَّةِ " : حَبَسَهَا عَلَى مِلْكِ الوَاقِفِ أَوْ عَلَى مِلْكِ اللَّهِ وَالتَّصَدُّقِ بِالمَنْفَعَةِ ، حَبَّسَها.
٧٤.	أنماط	طريقة العيش وخصائصها الَّتي يعتمدها الإنسانُ نمّط الشّيء: جعله على نفس النَّوع أو الأسلوب
٧٥.	باب الفتوح	باب الفتوح هو أحد مداخل مدينة القاهرة الفاطمية من الشمال. أُقيم السور سياجاً لمنارات المدينة الروحية: قصر الخليفة والجامع الأزهر ومسجد الحاكم بأمر الله
٧٦.	بيمارستان	مستشفى، مشفى ملجأ. التركية: داروصحة (دار الصحة)،
٧٧.	تأثيرات	إِخْضَاعه لِمَفْعُول مَّا

٧٨.	تراث	كلّ ما خلّفه السَّلف من آثار علميّة وفنية وأدبيّة ، سواء ماديَّة كالكتب والآثار وغيرها ، أم معنوية كالآراء والأنماط والعادات الحضاريّة المنتقلة جيلاً بعد جيل ، مما يعتبر إرثا نفيسًا بالنسبة لتقاليد العصر الحاضر وروحه
٧٩.	تعريب	صبغ الكلمة بصبغةٍ عربيَّةٍ عند نقلها بلفظها الأجنبي إلى اللغة العربية وتتجلى عملية التعريب كذلك في اختيار اللفظ اللغوي المناسب من اللغة العربية حين استعارة كلمات جديدة من لغات أجنبية (كلفظة السيارة مثلا التي تأخذ مرادفات مختلفة في اللغة العامية لعدد من الدول العربية : الطوموبيل، الكهربة، العربية، الوتة...)
٨٠.	تقاليد	العادات المتوارَثة التي يقلِّدُ فيها الخلفُ السلفَ
٨١.	تنمية	تحويل الموارد الطَّبيعية غير المستثمَرة إلى موارد منتجة مثل استصلاح الأراضي الصَّحراوية أو البور، إنشاء صناعات جديدة التَّنمية الاقتصاديَّة : (الاقتصاد) رفع مستوى الدّخل القوميّ بزيادة الإنتاج التَّنمية المستديمة : التَّنمية التي تتوفَّر لها مقوِّمات ناجحة ثابتة تكفل لها الاستمرار
٨٢.	تنوع	حدوث الفروق بين الأشخاص والجماعات والعروق بتأثير عوامل مختلفة تفضي إلى تنوع الألوان و الأحجام و الأشكال و الوظائف و الأفكار. هناك دراسات كثيرة حول التنوع الطبيعي و التنوع الثقافي الذي خصصت له منظمة اليونسكو سنة ٢٠٠٥ "تفاقية حماية وتعزيز أشكال التنوع الثقافي" .
٨٣.	ثقافة	• الإِحَاطَةُ بِالعُلُومِ وَالمَعَارِفِ وَالآدَابِ وَالفُنُونِ . • الثَّقَافَةُ العَامَّةُ " : مُجْمَلُ العُلُومِ وَالفُنُونِ وَالآدَابِ فِي إِطَارِهَا العَامِّ . • الثَّقَافَةُ الوَطَنِيَّةُ " : مَا يُمَيِّزُهَا عَنْ غَيْرِهَا مِنْ مَعَارِفَ وَعُلُومٍ وَفُنُونٍ وَعَادَاتٍ وَتَقَالِيدَ ، أَيْ كُلُّ مَا هُوَ مُرْتَبِطٌ بِحَضَارَتِهَا . " الثَّقَافَةُ العَرَبِيَّةُ " .. • عالميَّة الثَّقافة : تعميم الثقافة بمنطق إنسانيّ ، والانتقال بالتراث المحلّيّ إلى آفاق إنسانيّة عالميّة بهدف إيجاد تقارب الثقافات في إطار التعدُّد والتنوُّع الثقافيّ . • ثقافة :مجموعة من القيم المشتركة بين مجموعة من الناس ، بما في ذلك السلوك المتوقع و المقبول من الناس ، و الأفكار ، و المعتقدات ، و الممارسات .
٨٤.	حصون	جمع حصن وهي قصور محصنة .
٨٥.	حقبة	الحِقْبَةُ من الدَّهر : المدة لا وقت لها أو السنة
٨٦.	خط الثلث	يعد من أصعب الأنواع و أرقاها ويستخدم في كتابة أسماء الكتب واللوحات القرآنيـة ولا يعتبر الخطاط خطاطا الا اذا أجاد هذا النوع من الخطوط.
٨٧.	خط الرقعة	وهو أسرع الخطوط وأسهلها ويستعمل في جميع الدواوين وبين عامة الناس وانتشر بشكل كبير في الدولة العثمانية
٨٨.	خط النسخ	سمي بذلك لان الوراقين او النساخ كانو ينسخون به المصاحف ويمتاز بصغر حروفه
٨٩.	زخرفة النيلو	حفر الزخارف على سطح المعدن الخارجي وملأ هذه الزخارف بمادة النيلو السوداء وبعد أن تبرد تلمع، فهناك الآنية بلنها الطبيعي وهناك لون النيلو في الزخرفة.
٩٠.	سِتّ المُلْك	أخت الحاكم بأمر الله، نالت حتى شرف حكم مصر في القرن الخامس الهجري مدة أربع سنوات، نيابةً عن أخيها الصغير.
٩١.	شكل	صورة الشيء ، هيئته

اكتشف الفن الاسلامي

٩٢.	علم الفلك	علم يبحث في الأجرام السَّماوية من حيث تكوينها ومواقعها وقوانين سيرها
٩٣.	قصر الحرانه	احدى القصور الصحراوية وهو قلعة دفاعية تم بناؤه في العهد الأموي في القرن الثامن للميلاد
٩٤.	منطق	باب من أبواب الفلسفة يعطي جملة القوانين التي من شأنها أن تقوم العقل وتسدد الإنسان نحو طريق الصواب والحق في ما يمكن أن يغلط فيه من المعقولات ، فتنتقل الفكر من المقدمات إلى النتائج الصحيحة . أيْ بكَلاَم سَليم مُقْنع
٩٥.	منظور	وشيءٌ منْظورٌ : ترمُقُهُ الأبصارُ اشتهاءً ورغبة
٩٦.	هوية	الهُوِيَّةُ : حذف (في الفلسفة) : حقيقةُ الشيءِ أو الشخص التي تميزه عن غيره مَنْسُوبٌ إِلَى هُوَ). ١ . " هُوِيَّةُ الإِنْسَانِ " : حَقِيقَتُهُ الْمُطْلَقَةُ وَصِفَاتُهُ الْجَوْهَرِيَّةُ . ٢ . " الْهُوِيَّةُ الْوَطَنِيَّةُ " : مَعَالِمُهَا وَخَصَائِصُهَا الْمُمَيِّزَةُ وَأَصَالَتُهَا . ٣ . " بِطَاقَةُ الْهُوِيَّة " : الْبِطَاقَةُ الشَّخْصِيَّةُ تَحْمِلُ اسْمَ الشَّخْصِ وَتَارِيخَ مِيلاَدِهِ وَعَمَلَهُ وَجِنْسِيَّتَهُ .

اكتشف مجموعات الفن الإسلامي

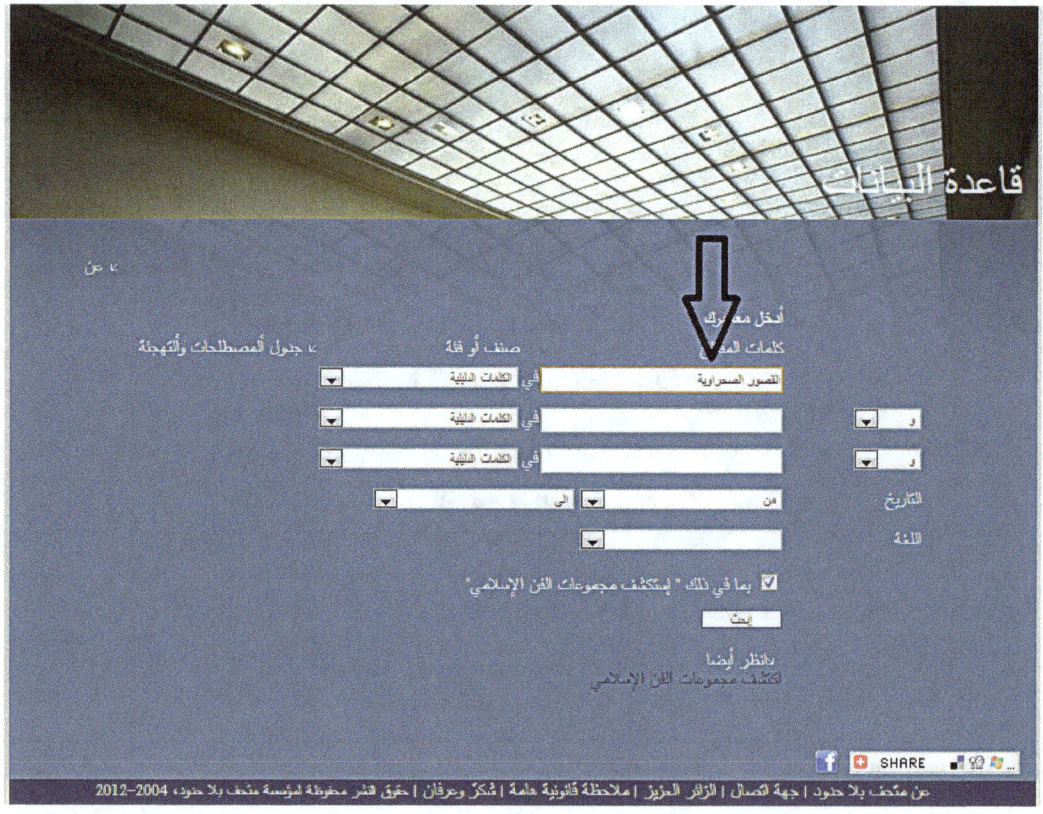

www.ingramcontent.com/pod-product-compliance
Lightning Source LLC
Chambersburg PA
CBHW082214220526
45470CB00010B/3165
9783902782977